Agne Grinciunaite

Modelo de aprendizagem profunda para a estimativa da pose humana no espaço e no tempo

Agne Grinciunaite

Modelo de aprendizagem profunda para a estimativa da pose humana no espaço e no tempo

ScienciaScripts

Imprint

Cover image: www.ingimage.com

This book is a translation from the original published under ISBN 978-3-330-32948-5.

Publisher:
Sciencia Scripts
is a trademark of
Dodo Books Indian Ocean Ltd. and OmniScriptum S.R.L publishing group

120 High Road, East Finchley, London, N2 9ED, United Kingdom
Str. Armeneasca 28/1, office 1, Chisinau MD-2012, Republic of Moldova, Europe
Printed at: see last page
ISBN: 978-620-7-69513-3

Development of a Deep Learning Model for 3D Human Pose Estimation in Monocular Videos

Agnė Grinciūnaitė

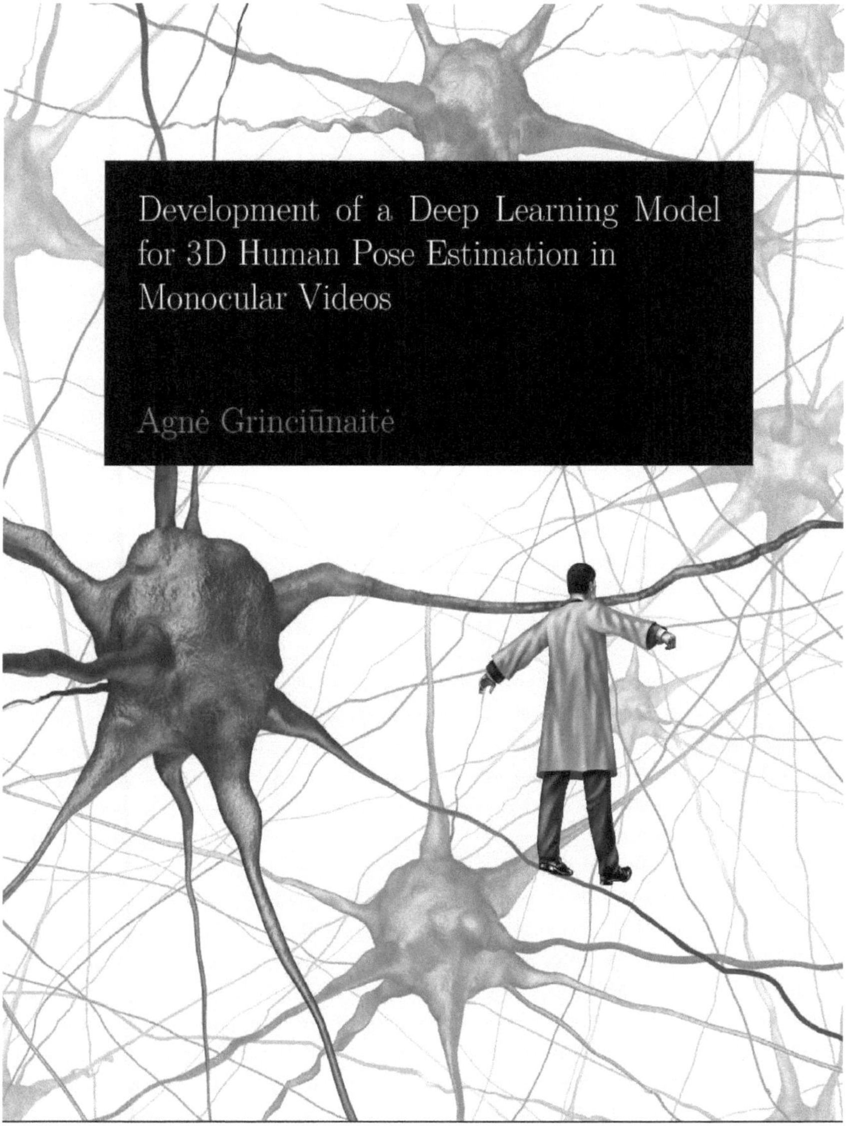

VILNIUS GEDIMINAS
TECHNICAL UNIVERSITY
FACULTY OF FUNDAMENTAL SCIENCES

VICAR VISION

O trabalho deste livro foi apoiado pela Vicar Vision. Gostaríamos de lhes agradecer a sua colaboração.

Anotações

Egzistuoja tokia vaizdo apdorojimo sistema, kuri geba lengvai atpazinti ir sekti zmogaus kuno pozicijp, judesius ir veiksmus be jokip papildomp pojucip. Sios sistemos procesorius tampa kompetentingas vos per kelis apmokymo menesius ir yra vadinamas smegenimis. Pasimok^s siek tiek ilgiau, jis taip pat sugeba savo jgudzius panaudoti sudetingesnems uzduotims, pavyzdziui, stebint judantj zmogp suprasti jo santykj su aplinka, asmeninius ketinimus bei emocin^ bukl^. Si sistema yra vadinama zmogumi ir tai yra vienas labiausiai sip dienp dirbtinio intelekto kurejus jkvepiancip meno kurinip.

Neseniai pasiekti rezultatai kompiuterines vizijos ir sistemos mokymosi srityje naudojant jvairius giliojo mokymosi metodus isties daro jspudj. Nejtiketinai greitai gilieji neuroniniai tinklai tapo populiarus ir placiai naudojami ne tik mokslo bendruomeneje, bet ir komerciniame pasaulyje. Didziausip jtakp tam turejo butent konvoliuciniai neuroniniai tinklai, del kurip buvo jveikti keli didziausip kompiuterines vizijos issukip. Tai ir pritrauke visp demesj. Sie neuroniniai tinklai yra jkvepti zinomos smegenp neurofiziologijos ir jp funkcinemis savybemis, kurios reikalingos kognityvumui.

Sio darbo tikslas yra istirti, ar konvoliucinis neuroninis tinklas gali susidoroti su lengvai zmogui "jkandama" uzduotimi - is savo matymo perspektyvos suvokti kito zmogaus pozicijp erdvelaikyje. Siuo darbu yra pristatomas naujas budas inkorporuojant trimates konvoliucijas isgauti vertingas savybes is judesio informacijos, uzfiksuotos videomedziagoje, ir tiesiogiai isvesti zmogaus kuno taskp pozicijas trimateje kameros koordinacip sistemoje. Tyrimas parodo, kad siuloma neuroninio tinklo realizacija leidzia pasiekti geriausius rezul- tatus su pasirinktos duomenp bazes duomenimis.

Pasiekti rezultatai leidzia manyti, kad patobulinta realizacija galetp buti sekmingai taikoma tokiose srityse kaip zmogaus ir kompiuterio spveika, papildyta ir virtuali realybe, robotika, sekimo technologies, ismanieji namai ir pan.

Capítulo 1	5
Capítulo 2	8
Capítulo 3	11
Capítulo 4	20
Capítulo 5	29
Capítulo 6	38
Capítulo 7	43
Bibliografia	44
Glossário	50

Capítulo 1

Introdução

Há cerca de 40 anos, o psicólogo M. R. Jones observou que "o homem é construído de tal forma que reconhece a estrutura do mundo real observando mudanças ao longo de dimensões físicas (isto é, valores contrastantes) e representando essas mudanças como relações (isto é, diferenças) ao longo de dimensões subjectivas. Uma vez que as mudanças só podem ocorrer ao longo do tempo, faz sentido que o tempo seja de alguma forma incluído numa definição de estrutura" [1]. Dez anos mais tarde, a Dra. Jennifer J. Freyd defendeu que a dimensão temporal é necessária e que está associada às dimensões espaciais nas representações mentais humanas [2].

Com a utilização crescente da ressonância magnética funcional (fMRI), tornou-se possível estudar a perceção humana do movimento através da observação simultânea da atividade cortical do observador. Desde então, tem sido possível compreender o processamento da informação sobre o movimento no cérebro humano ([3], [4], [5]). Embora a explicação da perceção do movimento numa perspetiva de neurociência computacional continue a ser um desafio, alguns dos princípios fundamentais foram aplicados com sucesso em aplicações actuais de aprendizagem profunda.

O avanço na aprendizagem automática associado aos modelos bio-inspirados tornou possível modelar representações estruturadas e abstractas em redes hierárquicas multicamadas. Encontrar o espaço de parâmetros das arquitecturas profundas é ainda uma tarefa difícil, mas o seu desempenho em várias tarefas de reconhecimento e classificação de objectos tem-se revelado muito promissor quando estão disponíveis grandes quantidades de dados de treino.

Este trabalho aborda uma tarefa de longa data na visão computacional - a estimativa da pose humana, representada por posições articulares 3D, em vídeos monoculares. Os desafios desta tarefa incluem a elevada dimensionalidade dos dados, a elevada variabilidade das poses, movimentos e aparência, a auto-ocultação e as alterações na iluminação.

No domínio da estimativa da postura humana, foram efectuados vários estudos utilizando diferentes abordagens generativas e discriminativas. No entanto, a maioria dos trabalhos publicados centra-se em imagens fixas individuais ([6], [7], [8]) ou imagens de profundidade ([9], [10]). Para além disso, a maioria dos autores tenta

estimar posições 2D de todo o corpo ([11], [12], [13]), do tronco ([14], [15], [16], [17]) ou de articulações individuais ([18], [19]) no plano da imagem. Muitas abordagens utilizam estimativas de posição 2D ou características para determinar poses 3D ([20], [21], [22], [23]).

Este trabalho baseia-se na ideia de que a dimensão temporal deve ser incluída para compreender a posição espacial de uma pessoa em movimento. Uma tentativa bem sucedida de estimar com precisão a posição espácio-temporal do corpo humano utilizando apenas informação temporal de vídeo conduziria a aplicações eficazes em áreas como a vigilância visual, o reconhecimento de acções humanas e estados emocionais, interfaces homemcomputador, codificação de vídeo, ergonomia, indexação e consulta de vídeo, previsão de acções humanas e outras.

1-1 Objetivo do projeto e questões de investigação

O principal objetivo deste trabalho é construir um modelo de rede neural convolucional (CNN) 3D discriminativo capaz de estimar diretamente a postura humana no espaço de coordenadas da câmara, utilizando apenas dados de vídeo vermelho-verde-azul (modelo de cor baseado em primárias de cor aditivas) (RGB). Esta secção descreve as principais questões a ter em conta para atingir este objetivo.

O êxito da implementação de uma arquitetura profunda de elevado desempenho depende em grande medida da seleção correcta dos hiperparâmetros. Esta seleção pode ser feita manual ou automaticamente utilizando a pesquisa em grelha, a pesquisa aleatória [24] ou métodos mais sofisticados de otimização de hiperparâmetros ([25], [26]). Devido à elevada carga computacional da seleção automática de hiperparâmetros, todas as decisões têm de ser tomadas manualmente neste trabalho. Uma das questões de investigação é, portanto, a seguinte: *em que medida pode o modelo realizar a tarefa solicitada se utilizar hiperparâmetros seleccionados manualmente com base em conhecimentos teóricos e nas experiências de outros?*

É sabido que os modelos de aprendizagem profunda têm um melhor desempenho quando são treinados com mais dados. Pode constatar-se que a falta de dados de vídeo anotados tem sido uma das principais razões pelas quais não tem havido investigação suficiente em matéria de aprendizagem profunda sobre este problema. Daí a pergunta: *os conjuntos de dados anotados disponíveis publicamente são suficientes para experiências de aprendizagem profunda relevantes para o objetivo deste trabalho?*

O objetivo deste trabalho é criar um modelo 3D de CNN capaz de realizar esta tarefa sem utilizar algoritmos ou processamento adicionais que diminuam a velocidade da aplicação. As CNNs têm sido utilizadas com sucesso em tarefas de classificação como o reconhecimento de acções humanas ([27], [28], [29], [30]), o reconhecimento do comportamento de multidões ([31]) e o reconhecimento de gestos com a mão ([32]). Esta é a primeira tentativa (que eu saiba) de utilizar uma rede deste tipo para a tarefa de regressão formulada. A questão é, pois, a seguinte: *pode uma CNN 3D ser aplicada com êxito a uma tarefa de regressão formulada e ser comparável ao atual estado da arte?*

1-2 Estrutura do relatório

Esta obra está dividida em 7 capítulos, incluindo a introdução:

- No capítulo 2 é apresentada uma panorâmica geral, a motivação e a base teórica das CNN.
- O Capítulo 3 apresenta uma panorâmica das implementações de CNN relevantes para este trabalho.
- O capítulo 4 resume a revisão dos conjuntos de dados disponíveis e descreve o conjunto de dados selecionado para este trabalho. Descreve também os passos necessários para o pré-processamento dos dados.
- No capítulo 5 é apresentada uma descrição pormenorizada da arquitetura da CNN 3D

proposta e da sua implementação. São apresentadas explicações mais pormenorizadas sobre a CNN e as suas possíveis melhorias.

- O capítulo 6 explica as experiências efectuadas, fornece pormenores técnicos e descreve os resultados obtidos.
- Por fim, o capítulo 7 conclui este trabalho, mencionando os objectivos alcançados, as limitações e o trabalho futuro.

Capítulo 2

Base teórica

Este capítulo apresenta ao leitor os conceitos básicos da rede neural profunda (DNN) e descreve a motivação e a base teórica da DNN.[1]

2-1 Rede neural multicamada

A forma mais simples de uma rede neuronal artificial (RNA) profunda é uma rede neuronal multicamada diretamente acoplada (MLNN). Tal como os neurónios biológicos do nosso cérebro, o neurónio artificial é o componente elementar de uma RNA (ver Figura 2-1). A sua função é receber, processar e transmitir informações de sinais. O neurónio artificial recebe uma ou mais unidades de entrada

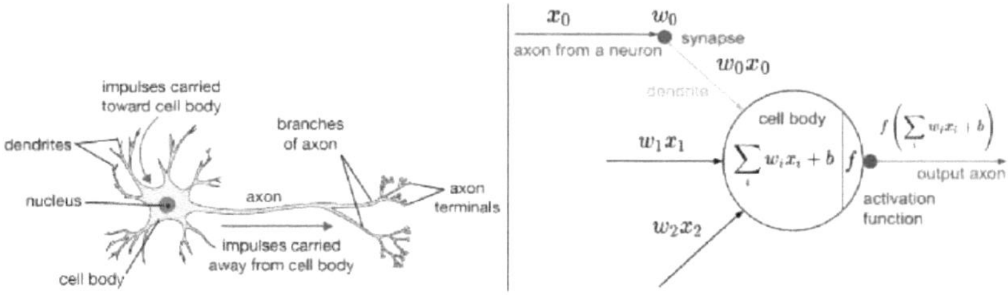

Figura 2-1: Analogia entre um neurónio biológico (à esquerda) e o seu modelo matemático (à direita) [33].

"que correspondem aos dendritos do cérebro. *A* unidade de entrada *i* é designada por x_i. Em geral, o

$$\sum_{i=1}^{N} w_i x_i \equiv \mathbf{w} \cdot \mathbf{x}, \qquad (2\text{-}1)$$

$$\sum_{i=1}^{N} w_i x_i + b \equiv \mathbf{w} \cdot \mathbf{x} + b \qquad (2\text{-}2)$$

$$a(\sum_{i=1}^{N} w_i x_i + b) \equiv a(\mathbf{w} \cdot \mathbf{x} + b). \qquad (2\text{-}3)$$

As entradas são ponderadas por números reais que expressam a importância de cada entrada para a saída (denotada por w_i). Outro termo importante é o bias (denotado por *b*), que dá um valor constante à entrada. De um ponto de vista biológico, o bias pode ser visto como uma medida da facilidade com que um neurónio pode ser disparado.

[1] Os leitores familiarizados com os conceitos de aprendizagem profunda e redes neuronais enrugadas podem saltar este capítulo.

Quando a entrada ponderada é recebida, o neurónio artificial efectua três operações:

1. Total de entradas ponderadas recebidas :

   em que *N é* o número de unidades de entrada e **w** - **x** é um produto escalar dos pesos ou vectores de entrada.

2. Adicionar distorção :
3. Aplicação da função de ativação não linear :

   em que *a(-)* é a função de ativação ou de transferência descrita na secção 5-3-1.

Desta forma, um neurónio artificial gera a saída (que representa o axónio de um neurónio biológico), que é depois transmitida a outros neurónios artificiais ligados.

O MLNN feedforward é, de facto, um conjunto de neurónios artificiais organizados em camadas e ligados sob a forma de um gráfico acíclico dirigido finito. Os neurónios pertencentes a uma camada servem como características de entrada para os neurónios da camada seguinte.

Em cada camada oculta, é calculada uma transformação não linear da entrada da camada anterior. Quanto maior for o número de camadas ocultas de uma rede neuronal, maior será a sua capacidade de aprender funções mais complexas. Nesta forma simples de rede neuronal profunda, os neurónios estão totalmente ligados em pares entre duas camadas adjacentes, mas não dentro da mesma camada. Essas camadas são chamadas de totalmente conectadas. Devido à não linearidade e à elevada conetividade da rede, é difícil efetuar uma análise teórica da MLNN.

Para treinar o MLNN, utilizamos um algoritmo de retropropagação bem conhecido [34]. Resumidamente, o treino tem lugar em duas fases:

1. **Passagem direta**: os pesos e polarizações da rede são definidos e o sinal de entrada é propagado camada a camada através da rede até atingir a saída. No final, é gerado um sinal de erro da rede, comparando a saída da rede com uma resposta desejada (Ground Truth).

2. **Passagem no sentido inverso**: o sinal de erro é propagado no sentido inverso através da rede, camada a camada, e são feitos ajustes nos pesos e polarizações da rede para minimizar a função de erro (custo).

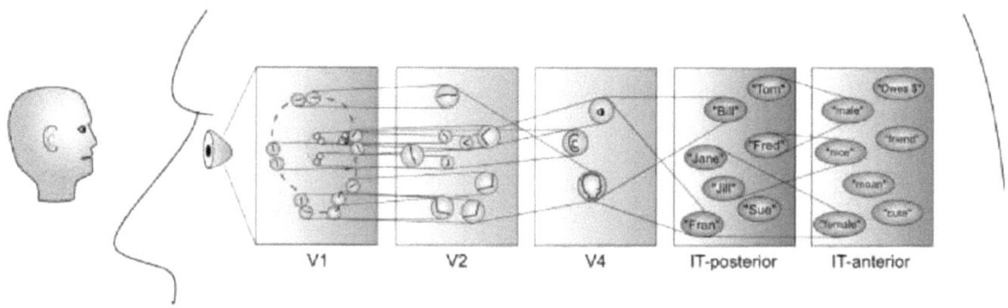

Figura 2-2: "Representação esquemática de uma sequência hierárquica de representações categóricas que processam um estímulo facial. As representações estão distribuídas em cada nível (vários detectores neurais activos). No nível mais baixo estão os detectores de características elementares (bordos orientados). Estes são depois combinados para formar cruzamentos de linhas, seguidos de características visuais mais complexas. No nível seguinte, são detectados os rostos individuais (também aqui, várias unidades faciais estão activas numa relação gradual com a semelhança das pessoas). Finalmente, no nível mais elevado, encontram-se importantes categorias funcionais "semânticas" que servem como uma boa base para possíveis acções - a capacidade de desenvolver tais categorias a um nível elevado é essencial para um comportamento inteligente." [35]

2-2 Rede neural convolucional

Embora a MLNN seja capaz de aproximar qualquer função, não é adequada quando se trata de informação visual, ou seja, imagens. Em primeiro lugar, a conetividade total da rede conduz a uma aprendizagem lenta, uma vez que o número de pesos aumenta rapidamente com o aumento da dimensionalidade da entrada visual. Em segundo lugar, a organização espacial da entrada visual não é explorada na MLNN, uma vez que cada par de neurónios entre duas camadas tem o seu próprio peso. Por exemplo, se aprendermos a reconhecer um objeto num determinado local, isso não pode ser aplicado ao mesmo objeto apresentado noutro local, porque são utilizados pesos separados para estes cálculos. Estes inconvenientes levaram à invenção da arquitetura CNN, que explora as propriedades da dimensão espacial da entrada visual, reduzindo simultaneamente o número de parâmetros a treinar.

A conceção da CNN foi inspirada na estrutura do córtex visual dos mamíferos, onde a informação visual recebida pelos olhos é processada por neurónios organizados hierarquicamente no cérebro. Quando os estímulos visuais atingem o campo recetivo de um neurónio, este pode ser ativado de acordo com a sua coordenação neuronal. Os neurónios localizados nas áreas visuais anteriores têm uma sintonização mais simples e um campo recetivo mais pequeno. Como resultado, as formas visuais mais primitivas, tais como

como cantos ou arestas são detectados nas áreas primárias do córtex visual e formas mais complexas (grupos de características, objectos, descrições de objectos) - nas áreas colaterais (ver Figura 2-2). A CNN é uma rede neuronal profunda supervisionada com alimentação direta, apresentada pela primeira vez em 1980 em [36]. Desde então, foram propostas várias melhorias e foram desenvolvidos métodos eficazes para treinar este tipo de rede. Atualmente, as CNN são utilizadas em muitas aplicações práticas nos domínios da visão computacional e do processamento da linguagem natural. As CNN foram utilizadas pelos vencedores de vários concursos, como o ImageNet, o Kaggle Facial Expression, o Kaggle Multimodal Learning, o Kaggle CIFAR-10, o German Traffic Signs, o Connectomics.

Em geral, a CNN é um tipo especial de MLNN que, comparativamente, tem muito menos ligações e parâmetros e é mais fácil de treinar. As CNN podem ser aplicadas a dados de matriz em que valores próximos estão correlacionados, ou seja, imagens, som, representações de tempo-frequência, vídeo, imagens volumétricas, imagens de profundidade RGB. Embora as aplicações mais bem sucedidas das CNNs tenham sido aplicadas a dados de imagem 2D, houve algumas tentativas recentes de aplicar convoluções 3D a dados de vídeo e volumétricos (por exemplo, exames médicos 3D). Embora as CNNs 3D sejam mais difíceis de implementar e visualizar, podem atingir um desempenho muito bom se forem bem concebidas e calibradas. Os capítulos seguintes apresentam algumas implementações de CNN relevantes para este trabalho e explicam mais pormenorizadamente como funcionam as CNN.

Capítulo 3

Trabalhos relacionados

Este capítulo apresenta uma panorâmica das diferentes arquitecturas de CNN, começando pelas mais comuns e continuando com as mais avançadas, relevantes para o objetivo deste trabalho. A maior parte das decisões relativas à conceção e aos hiperparâmetros neste trabalho foram tomadas com base nestes exemplos.

3-1 Arquitecturas clássicas de CNN

LeNet-5 A primeira arquitetura de CNN a atingir o estado da arte é mostrada na Figura 3-1 [37]. Foi denominada LeNet, em homenagem ao seu autor Y. LeCun, chamava-se LeNet-5. Foi utilizada em 1998 para o reconhecimento de dígitos manuscritos.

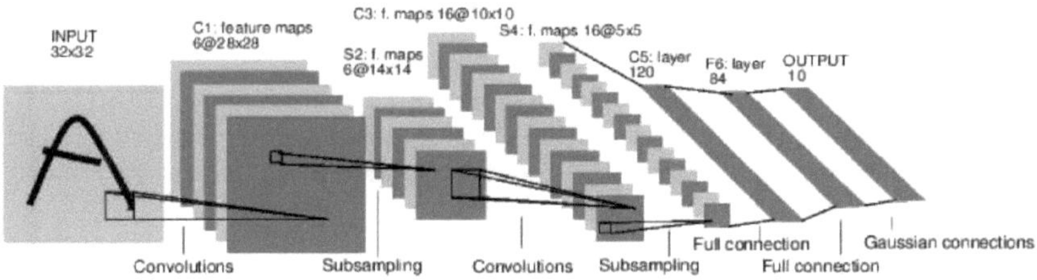

Figura 3-1: Arquitetura da rede CNN LeNet-5 [37].

Observamos que em cada camada de convolução ou subamostragem, o número de mapas de características é aumentado, enquanto a resolução espacial é reduzida em comparação com a camada anterior correspondente. Esta abordagem oferece invariância de tradução e tolerância a diferenças de

posições de partes de objectos. As camadas superiores trabalham com entradas de resolução inferior e processam a representação de alto nível já extraída da entrada. As camadas finais são camadas totalmente ligadas que combinam entradas de todas as posições para classificar todas as entradas. No capítulo 5 é apresentada uma explicação pormenorizada dos diferentes tipos de camadas.

A função de ativação utilizada na LeNet-5 é a tangente hiperbólica escalonada e a camada de saída é constituída por unidades funcionais de base radial euclidiana (RBF) para cada classe. Cada unidade RBF de saída calcula a distância euclidiana entre o seu vetor de entrada e o seu vetor de parâmetros. Esta distância pode ser interpretada como um termo de penalização que mede o ajuste entre o modelo de entrada e um modelo da classe associado à unidade RBF, ou como a verosimilhança negativa não normalizada de uma distribuição gaussiana no espaço de configurações da camada anterior. A função de perda utilizada foi o erro quadrático médio mínimo (MME). A rede foi treinada utilizando o algoritmo de descida de gradiente estocástico (SGD).

Arquitetura Krizhevsky A arquitetura CNN mais recente foi proposta por A. Krizhevsky em 2012 [38]. Obteve excelentes resultados num grande conjunto de dados de referência constituído por mais de um milhão de imagens - ImageNet [39]. Esta arquitetura CNN é mais frequentemente utilizada como base para outras arquitecturas CNN modificadas (descritas mais adiante neste capítulo) que são relevantes para o problema deste trabalho.

Em comparação com a LeNet-5, a arquitetura de Krizhevsky (Figura 3-2) é mais profunda - consiste em cinco camadas de convolução, três camadas de subamostragem e três camadas totalmente ligadas. Com esta arquitetura foram introduzidas as seguintes novas características:

- Função de ativação - Unidade Linear Rectificada (ReLU). A utilização desta função de ativação acelera o treino e permite fazer experiências com redes neuronais tão grandes.
- O treino foi efectuado em duas unidades de processamento gráfico (GPU). Metade dos neurónios foram armazenados em cada GPU, pelo que as GPUs só podiam comunicar em determinadas camadas. Isto significa, por exemplo, que os neurónios da camada 3 recebem dados de todos os mapas de características da camada 2. No entanto, os neurónios da camada 4 só recebem dados dos mapas de características da camada 3, que estão na mesma GPU. A rede com duas GPUs levou um pouco menos de tempo para ser treinada e obteve uma precisão cerca de 1,5% melhor do que a rede com uma GPU.
- A normalização do contraste local (LCN), aplicada após a primeira e a segunda camadas de convolução, reduz o sobreajuste e a taxa de erro.
- Foram utilizadas unidades de agrupamento sobrepostas em vez de unidades de agrupamento vizinhas não sobrepostas.

Na arquitetura proposta, foram utilizadas duas técnicas para reduzir o sobreajuste - abandono e extensão dos dados. A aprendizagem foi efectuada utilizando o SGD com uma função de perda Softmax.

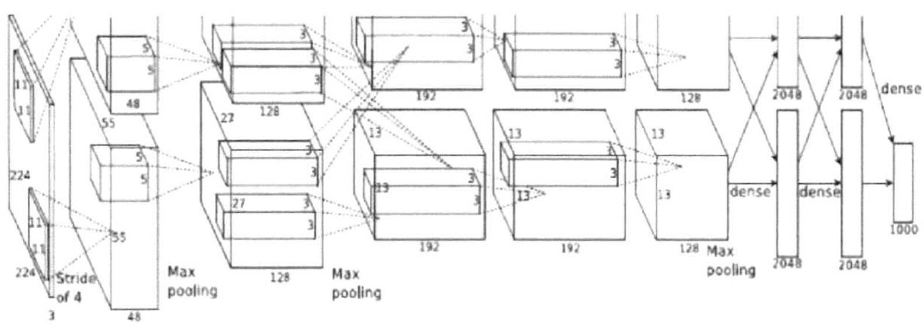

Figura 3-2: Arquitetura da CNN de Krizhevsky [38].

3-2 Arquitecturas CNN Pose Regression

Nesta secção, examinamos quatro exemplos da aplicação de CNNs a problemas de estimativa de pose.

DeepPose No final de 2013, dois investigadores da Google, A. Toshev e C. Szegedy, fizeram da estimativa de pose bidimensional (2D) um problema de regressão comum e mostraram como ela poderia ser implementada em configurações de CNN [16]. A imagem de entrada RGB completa é passada através de uma CNN de 7 camadas para estimar a posição 2D de cada articulação do corpo. As posições previstas das articulações são depois refinadas utilizando sub-imagens de maior resolução como entrada para uma cascata de previsões de pose baseadas em CNN (ver Figura 3-3).

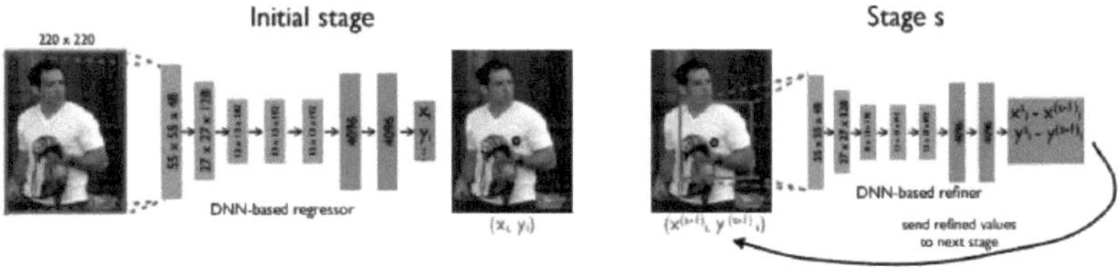

Figura 3-3: Arquitecturas baseadas em CNN para regressores e refinadores [16].

Esta arquitetura é baseada na CNN de Krizhevsky descrita acima. A diferença reside na função de perda utilizada. Em vez de uma perda de classificação, é treinada uma regressão linear na última camada da CNN, minimizando a distância euclidiana entre a previsão e a pose real. Para melhorar a precisão das posições das articulações após o primeiro passo, são treinados regressores CNN adicionais para prever uma mudança nas posições das articulações do passo anterior para a posição real. A entrada para estes regressores CNN adicionais consiste em imagens parciais

da imagem completa que foi recortada a partir da posição articular prevista no passo anterior. Desta forma, os regressores de pose subsequentes são executados em imagens de maior resolução e, assim, aprendem características para escalas mais finas, levando a uma maior precisão. A arquitetura da CNN é idêntica para todas as fases da cascata.

Modelos de mapas de calor Outra abordagem, apresentada em 2014 por J. Tompson e outros investigadores da Universidade de Nova Iorque [12], baseia-se na arquitetura apresentada na Figura 3-4. O modelo apresentado recebe como entrada três níveis de pirâmides Gaussianas RGB (apenas duas pirâmides são mostradas na figura) e produz um mapa de calor para cada articulação do corpo, descrevendo a probabilidade de ocorrência dessa articulação por pixel em cada posição espacial de saída.

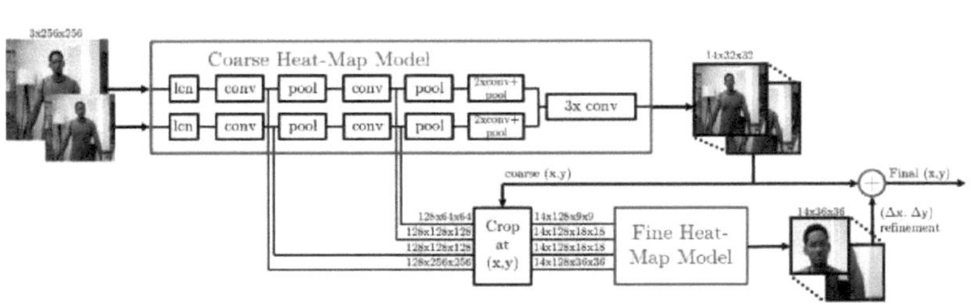

Figura 3-4: Arquitetura da CNN de J. Tompson [12].

Tal como em [16], depois de prever os mapas de calor de todas as posições das articulações, estas previsões são utilizadas para cortar uma janela no meio das posições das articulações previstas nos dois primeiros mapas de características da convolução de cada resolução. O tamanho contextual da janela é mantido constante através do escalonamento da área recortada em cada nível de resolução superior. Estes mapas de características são então propagados através de um modelo de mapa de calor fino para criar um desvio dentro da sub-janela recortada. Finalmente, o refinamento da posição é adicionado à primeira posição prevista para obter uma localização 2D final para cada articulação.

O modelo Heatmap fino é uma rede siamesa [40] de instâncias correspondentes a uma série de articulações, em que os pesos e os pré-esforços de cada módulo são partilhados. Estas sub-redes de convolução são aplicadas independentemente a cada junta, uma vez que a localização da amostra é diferente para cada junta e as características da convolução não têm o mesmo contexto espacial. O modelo Heat-Map e o modelo Fine-Heat-Map são treinados conjuntamente através da minimização da função MSE modificada entre o Heat-Map previsto e o Heat-Map pretendido, que é um Gaussiano 2D com variância constante centrada na posição da junta do Ground Truth (x, y).

CNN de regressão de pose O terceiro exemplo de arquitetura CNN (ver Figura 3-5) foi concebido para entradas de vídeo e utiliza informações temporais de várias imagens. Esta

foi apresentado em 2014 por um grupo conjunto de investigadores da Universidade de Oxford e da Universidade de Leeds [15].

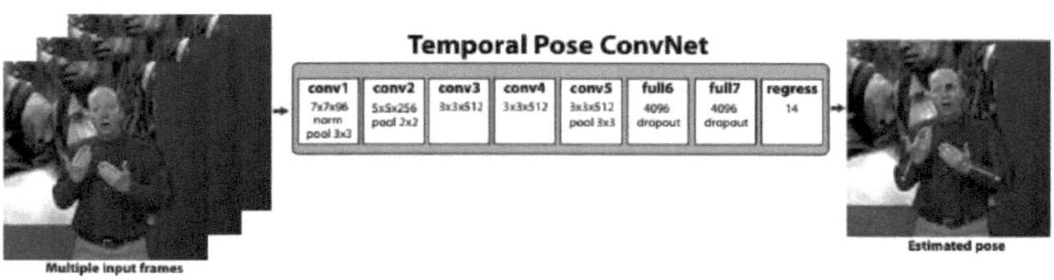

Figura 3-5: Arquitetura da CNN para entradas de vídeo [15].

O objetivo do seu trabalho era seguir a pose 2D do tronco humano em vídeos longos de gestos. A arquitetura geral é muito semelhante à primeira apresentada nesta subsecção ([16]), com exceção da camada de entrada, em que várias imagens (ou imagens das suas diferenças) são inseridas nos canais de cor da camada de dados. Por exemplo, uma rede com três imagens de entrada contém 9 canais de cor na sua camada de dados. Além disso, a média de mais de 2.000 imagens amostradas para cada vídeo foi pré-calculada num conjunto de dados para evitar uma adaptação excessiva ao fundo estático atrás da pessoa. Em seguida, a média específica do vídeo foi subtraída de cada quadro de entrada do vídeo correspondente. Os pesos da rede também foram aprendidos com Mini-Batch-SGD, como nos exemplos anteriores.

Um ano mais tarde, o mesmo grupo de investigação apresentou uma série de melhorias a esta arquitetura, incluindo algumas novas funcionalidades (ver Figura 3-6):

1. Camadas de fusão espacial que aprendem um modelo espacial implícito.
2. Fluxo ótico utilizado para fazer corresponder as previsões de mapas de calor de imagens vizinhas.
3. Nível final de agrupamento paramétrico que ensina como combinar mapas de calor alinhados num mapa de confiança agrupado.

CNN para classificação binária Uma arquitetura semelhante, embora menos profunda, foi proposta em 2013 por A. Jain para efetuar a classificação binária independente de partes do corpo com uma rede por caraterística (ver Figura 3-7).

As entradas para estas redes são campos de imagem RGB de 64x64 pixéis com LCN aplicado. Os LCNs são implementados como janelas deslizantes que se sobrepõem a regiões da entrada. Uma janela de pixels é mapeada numa única saída binária (unidade logística) que representa a probabilidade de presença da parte do corpo nesse campo. Esta abordagem permite a utilização de CNNs muito mais pequenas e mantém as vantagens do agrupamento à custa da necessidade de criar um conjunto separado de

Figura 3-6: Arquitetura de agrupamento de peritos profundos para estimativa de pose [14].

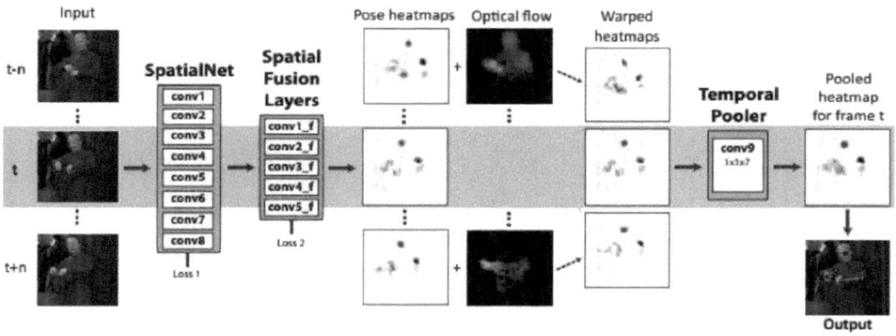

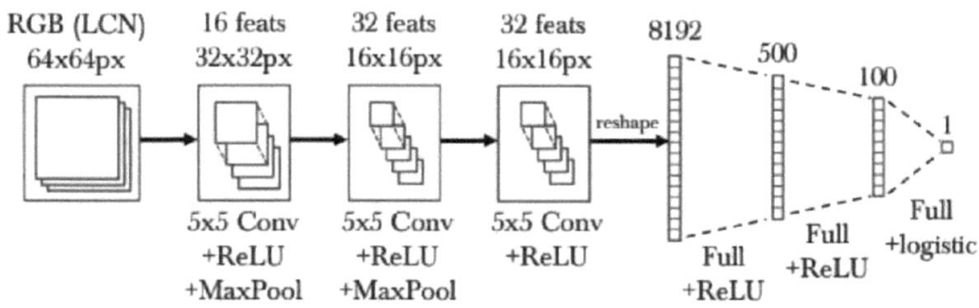

Figura 3-7: Arquitetura da CNN para classificação binária [18].

parâmetros para cada parte do corpo. Naturalmente, um conjunto de detectores de partes independentes não pode forçar a consistência da pose da mesma forma que um modelo de saída estruturado que produz configurações válidas de todo o corpo. Por conseguinte, após a aprendizagem destas CNNs utilizando um DMS de lote padrão, é aplicado um método de forçagem da consistência da pose utilizando relações pai-filho [18].

3-3 Arquitecturas CNN multitarefa

É interessante analisar outro tipo de arquitetura CNN, concebida não só para a estimativa de pose, mas também para outras tarefas, como o reconhecimento de articulações ou corpos humanos e o reconhecimento de acções.

CNN para tarefas de reconhecimento e regressão Em 2014, investigadores da City University of Hong Kong construíram uma arquitetura deste tipo para estimar poses humanas

[7]. A sua estrutura

consiste em dois tipos de tarefas - uma tarefa de regressão de pontos comuns e uma tarefa de deteção (Figura 3-8). As entradas para ambas as tarefas são imagens de caixas delimitadoras com objectos humanos. O objetivo da tarefa de regressão é estimar as posições das articulações 3D relativamente às articulações dos seus pais no sistema de coordenadas da câmara. O objetivo da tarefa de reconhecimento é classificar se uma janela local contém ou não a articulação específica. Uma tarefa de reconhecimento está associada a um ponto de articulação e a uma janela local.

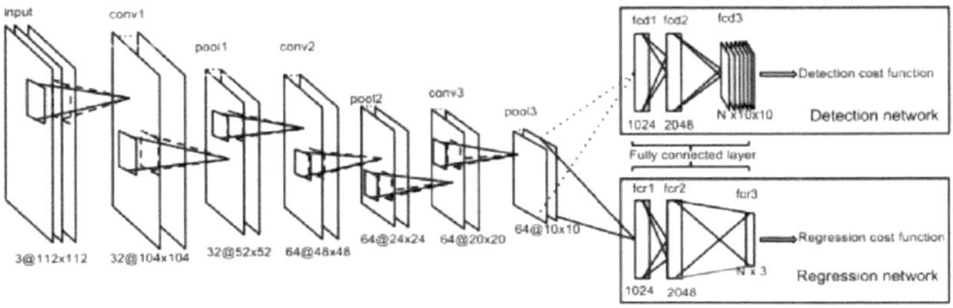

Figura 3-8: Arquitetura da CNN para tarefas de deteção e regressão [7].

É de notar que esta arquitetura CNN foi treinada com o mesmo conjunto de dados que o escolhido para este trabalho (ver Capítulo 4). A CNN global consiste em três camadas de convolução, seguidas de camadas de subamostragem utilizadas pelas redes de regressão e de deteção, bem como três camadas totalmente ligadas para a rede de regressão e três camadas totalmente ligadas para a rede de deteção. As ReLUs são utilizadas nas duas primeiras camadas de convolução e nas duas primeiras camadas totalmente ligadas, tanto para a rede de regressão como para a rede de deteção. Para a última camada de regressão, é utilizada a tangente hiperbólica como função de ativação. A camada LCN é adicionada após a segunda camada de convolução para tornar a rede robusta à intensidade do pixel.

Foram utilizadas duas abordagens para treinar esta CNN. Em primeiro lugar, a rede de regressão e a rede de reconhecimento foram treinadas conjuntamente com a função de custo global utilizando a retropropagação. Neste caso, a rede conjunta tende a aprender características que são vantajosas para ambas as tarefas. Em segundo lugar, apenas a rede de reconhecimento foi treinada inicialmente e, em seguida, o treinamento de regressão de pose foi inicializado com os pesos (das camadas de convolução) da tarefa de reconhecimento. No final, as duas estratégias produziram aproximadamente o mesmo desempenho, embora o pré-treinamento tenha durado mais tempo. Tanto para o pré-treino como para a partilha de características, a tarefa de reconhecimento ajudou a regular o treino da rede de regressão e a orientá-la para os melhores mínimos locais.

CNN multi-tarefas Outra abordagem, apresentada em 2014 por investigadores da Universidade da Califórnia, Berkeley [8], também treina uma única CNN para múltiplas tarefas. Cada tarefa está associada a uma função de perda para reconhecimento de pessoas, estimativa de postura ou classificação de acções.

Quando esta rede é treinada em conjunto, a função de perda final é simplesmente a soma das três funções de perda multiplicada por um coeficiente. É especificado um valor mais elevado deste coeficiente para a classificação das acções, para garantir que esta tarefa contribui significativamente para a perda total, dado que há muito menos dados de treino para a classificação das acções do que para o reconhecimento e a pose. A rede comum às três tarefas teve, em média, um desempenho semelhante ao das redes treinadas para cada tarefa, mas foi muito mais rápida. As entradas para esta CNN eram propostas de objectos (segmentos ou caixas delimitadoras).

CNN de fonte dupla Outra arquitetura recentemente proposta para a aprendizagem multitarefa é a CNN de fonte dupla [19]. A aprendizagem desta rede é realizada com dois tipos de entrada - sugestões de objectos da parte local e imagens de todo o corpo. Desta forma, é efectuada uma aprendizagem não separada para obter tanto o reconhecimento da articulação, que determina se uma proposta de objeto contém uma articulação do corpo, como a localização da articulação, que encontra a posição exacta da articulação na proposta de objeto. Na fase de teste, são utilizadas janelas deslizantes multi-escala para fornecer informações parciais locais, a fim de evitar a degradação do desempenho resultante da distribuição desigual das propostas de objectos. Com base nos resultados da rede, os resultados da deteção de juntas de todas as janelas deslizantes são combinados para criar um mapa térmico que reflecte a probabilidade da posição da junta em cada pixel. A estimativa final da posição de cada junta é obtida através do cálculo de uma média ponderada dos resultados da localização da junta nas regiões de elevada probabilidade no mapa térmico (ver Figura 3-9).

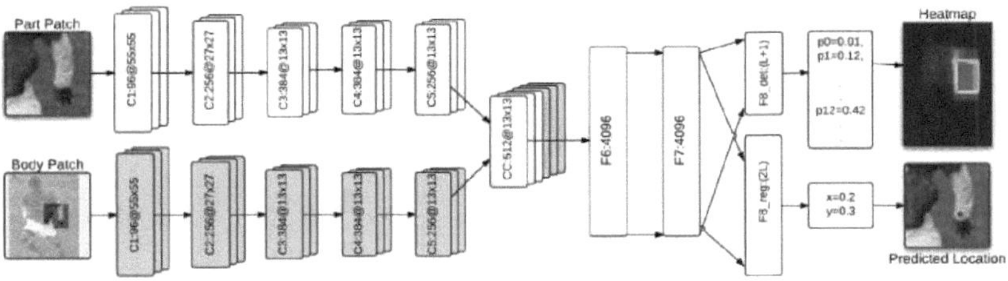

Figura 3-9: Arquitetura da CNN de fonte dupla [19].

3-4 Arquitecturas CNN 3D

Como o objetivo deste trabalho é criar um modelo CNN para dados de vídeo temporais, a fim de determinar se a informação de movimento contribui para a previsão da pose humana, é importante examinar também algumas arquitecturas CNN que utilizam a convolução 3D.

CNN 3D A primeira arquitetura deste tipo (que eu saiba) foi proposta em 2013 e aplicada ao reconhecimento de acções humanas num ambiente real [27]. Foi proposta a realização de convoluções 3D nas etapas de convolução das CNNs, a fim de computar características não apenas de dimensões espaciais, mas também de dimensões temporais. A dobragem 3D é obtida através da dobragem de um núcleo 3D com o cubo formado pelo empilhamento de várias imagens contíguas. Graças a esta construção, os mapas de características da camada de convolução estão ligados a várias imagens individuais contíguas da camada anterior, permitindo a captura de informações de movimento.

Afirma-se que "um núcleo convolucional 3D só pode extrair um único tipo de caraterística do cubo do quadro, uma vez que os pesos do núcleo são replicados em todo o cubo. Um princípio geral da construção de CNN é que o número de mapas de características deve ser aumentado em camadas posteriores, gerando vários tipos de características a partir do mesmo conjunto de mapas de características num nível inferior. Tal como acontece com a dobragem 2D, isto pode ser conseguido através da aplicação de múltiplas dobras 3D com diferentes núcleos na mesma localização na camada anterior.

A arquitetura da CNN 3D proposta é apresentada na Figura 3-10. As entradas para esta rede são 7 imagens 60x40 centradas na imagem atual. Em primeiro lugar, é aplicada uma série de núcleos rígidos para gerar vários canais de informação a partir das imagens de entrada. O resultado são 33 mapas de características na segunda camada, em 5 canais diferentes designados por cinzento, gradiente-x, gradiente-y, optflow-x e optflow-y. O canal cinzento contém os valores dos pixels cinzentos das 7 imagens de entrada. Os mapas de características nos canais gradiente-x e gradiente-y são obtidos através do cálculo dos gradientes ao longo das direcções horizontal e vertical, respetivamente, em cada uma das 7 imagens de entrada. Os canais optflow-x e optflow-y contêm os campos de fluxo ótico ao longo das direcções horizontal e vertical, respetivamente, calculados a partir das imagens de entrada adjacentes. Esta camada permanentemente ligada é utilizada para codificar conhecimentos prévios sobre as características. O esquema descrito obteve um melhor desempenho em comparação com a inicialização aleatória. Finalmente, a camada de saída é composta pelo mesmo número de unidades que o número de acções, e é aplicado um classificador linear ao vetor de características 128D para a classificação das acções.

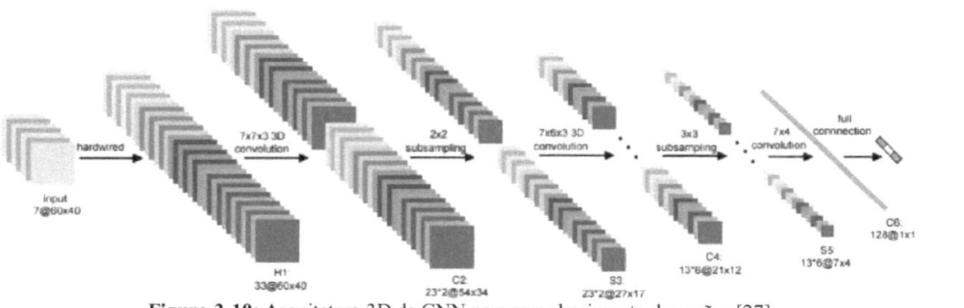

Figura 3-10: Arquitetura 3D da CNN para reconhecimento de acções [27].

CNN reconfigurável Outra arquitetura interessante com convoluções 3D é apresentada na Figura 3-11. Foi concebida para a deteção automática de atividade a partir de vídeo RGB-D. O modelo é composto por vários cliques de rede, que representam subsectores de rede empilhados em várias camadas. Especificamente, cada clique extrai características de um segmento de vídeo decomposto associado a uma subactividade distinta da atividade global. Especificamente, para cada clique, duas camadas de convolução 3D são primeiro construídas na entrada bruta (dados em escala de cinzentos e de profundidade), seguidas de uma camada de convolução 2D. Um operador de pooling máximo é aplicado a cada camada de convolução 3D, tornando o modelo robusto às deformações locais do corpo e ao ruído ambiente. Em seguida, os resultados da convolução gerados pelos diferentes cliques são fundidos e concatenados num longo vetor de características, sobre o qual são construídas duas camadas totalmente ligadas para atribuir etiquetas de atividade.

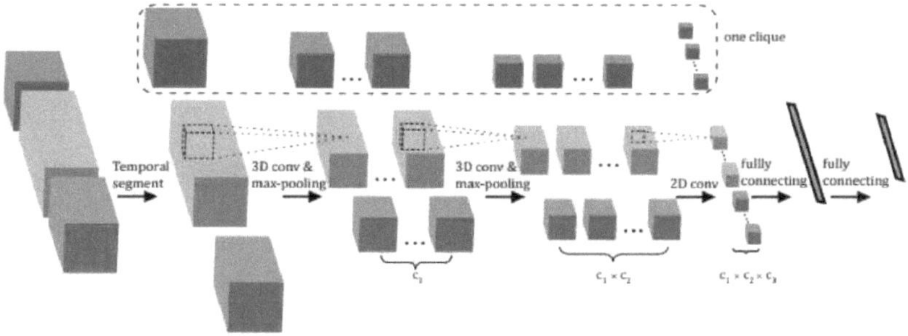

Figura 3-11: Arquitetura da CNN reconfigurável [28].

O método tradicional de aprendizagem SGD não podia ser aplicado a este tipo de arquitetura. Por conseguinte, foi proposto um novo método - Latent Structural Back Propagation (LSBP), que se processa em duas fases:

- Ao definir os parâmetros actuais do modelo, efectua uma classificação da atividade, determinando a composição temporal (ou seja, a determinação das acções individuais) para cada exemplo de treino.
- Determina a decomposição do vídeo de entrada e aprende os parâmetros em cada camada da rede utilizando o algoritmo de retropropagação.

Em resumo, a análise das diferentes arquitecturas de CNN existentes dá uma boa perspetiva das possibilidades de utilização das CNN para diferentes tarefas de processamento de imagens. No entanto, existem apenas algumas implementações de CNNs 3D em dados de vídeo. Do mesmo modo, a maior parte do trabalho sobre a estimativa da pose humana foi efectuada em dados de imagem 2D.

Capítulo 4

Conjunto de dados

Para treinar uma CNN, é necessário um grande conjunto de dados que contenha informações verdadeiras anotadas. Para a tarefa formulada, o conjunto de dados deve satisfazer essencialmente os seguintes requisitos:

- Os dados devem estar disponíveis num formato de vídeo em que uma única pessoa é gravada a realizar diferentes acções;
- Cada imagem de vídeo deve ser acompanhada das posições reais das articulações do corpo humano no sistema de coordenadas 3D da câmara;
- A resolução das imagens deve ser suficientemente elevada para obter um delineamento correto do corpo humano.
- O conjunto de dados deve estar disponível gratuitamente para ser descarregado e utilizado para fins de investigação.

As características desejáveis do conjunto de dados incluem

- foi capturado um grande número de pessoas diferentes;
- a diversidade das acções empreendidas ;
- mais sequências de vídeo disponíveis;
- um maior número de vistas diferentes da câmara ;
- As caixas delimitadoras podem ser facilmente obtidas a partir do corpo humano.

Este capítulo trata da seleção dos conjuntos de dados e das etapas de pré-processamento necessárias para preparar os dados de entrada da rede. Em primeiro lugar, é dada uma visão geral dos conjuntos de dados disponíveis que cumprem os requisitos necessários. Em seguida, o conjunto de dados selecionado é descrito em mais pormenor. Finalmente, são apresentadas as etapas de pré-processamento dos dados.

4-1 Apresentação geral

A escolha de um conjunto de dados para treinar modelos de aprendizagem profunda que satisfaça os requisitos enumerados na introdução do capítulo não se revelou uma tarefa fácil. A escolha dos dados de treino é muito importante e precisa de ser bem pensada de antemão. Analisar o formato de dados escolhido, organizar, extrair e pré-processar os dados é um processo longo, necessário e importante. Por conseguinte, é altamente indesejável alterar a decisão de seleção de dados numa data posterior.

Infelizmente, não existe um conjunto de dados amplamente disponível e bem avaliado que tenha sido desenvolvido para a determinação da posição 3D de pessoas em formato vídeo, como o conhecido ImageNet [39] para imagens. A lista de possíveis conjuntos de dados, com as suas principais características, é apresentada na Tabela 4-1.

Quadro 4-1: Panorâmica dos conjuntos de dados publicamente disponíveis

Conjunto de dados	Ano	Resolução	Câmaras	fã	^Sequências	^Cenários	Ligações
Berkeley MHAD	2013	640x480	2	12	660	11	43
Atividade em Cornell	2009	320 x 240	1	8	180	22	11
CMU-MMAC	2009	1024 x 768	3	43	645	5	22
Homens3,6M	2014	1000 x 1000	4	10	1200	15	32
HumanEva	2007	640x480	3	4	56	6	15
INRIA RGB-D	2015	640x480	1	1	12	-	15
MPI08	2010	1004 x 1004	8	4	54	4	22

Recentemente, [41] apresentou uma panorâmica abrangente dos conjuntos de dados de referência existentes que contêm dados esqueléticos humanos em 3D. Os autores listam os conjuntos de dados, classificados de acordo com o tipo de dispositivo utilizado para recolher os dados esqueléticos. Embora esta panorâmica não estivesse disponível antes de se decidir qual o conjunto de dados a utilizar neste trabalho (o que poderia ter facilitado a escolha do conjunto de dados), quase todas as referências listadas foram revistas e as mais adequadas para esta tarefa são descritas sucintamente nas subsecções seguintes.

4-1-1 Berkeley MHAD

A Base de Dados de Acções Humanas Multimodais de Berkeley (MHAD) [42] contém 660 sequências de vídeo (~82 minutos de tempo total de gravação), nas quais 7 homens e 5 mulheres executam 11 acções diferentes. Cada ação foi executada 5 vezes. As imagens RGB com uma resolução de 640 x 480 foram gravadas com duas câmaras Kinect posicionadas em direcções opostas com uma taxa de fotogramas de 30 Hz. Os dados do Kinect foram calibrados utilizando o sistema de captura de movimentos. As coordenadas do esqueleto 3D Ground Truth são fornecidas no sistema de coordenadas mundiais. Para obter o Ground Truth para esta tarefa, é portanto necessário pré-processar os dados e analisar o código de demonstração fornecido com o conjunto de dados.

O conjunto de dados foi recolhido principalmente para fornecer à comunidade da visão computacional dados multimodais para o reconhecimento de acções. No contexto deste trabalho, o conjunto de dados tem a desvantagem de ter uma resolução relativamente baixa e de necessitar de um pré-processamento para obter as caixas delimitadoras do corpo humano e as coordenadas verdadeiras na vista da câmara. Por outro lado, o conjunto de dados tem um número bastante elevado de sequências e uma grande variedade de temas e cenários gravados.

A maior parte dos trabalhos que citam este conjunto de dados centra-se no reconhecimento de acções humanas (no momento em que escrevo). Consequentemente, os resultados deste projeto não puderam ser comparados com os de outros investigadores, o que tornou indesejável a escolha deste conjunto de dados.

4-1-2 Atividade de Cornell

O Cornell Activity Dataset (CAD) consiste nos conjuntos de dados CAD-60 [43] e CAD-120 [44], que contêm um total de 180 sequências de vídeo RGB-D gravadas com o Kinect. Os dados RGB têm uma resolução de 320x240 e uma taxa de atualização de 30 Hz. As posições de verdade terrestre 3D de 15 articulações são fornecidas no sistema de coordenadas mundiais. Apenas 11 articulações têm também uma orientação que permite obter as posições no sistema de coordenadas da câmara. As caixas delimitadoras do corpo humano não estão disponíveis e poderão ter de ser determinadas utilizando dados de referência.

A caraterística positiva deste conjunto de dados é o facto de ter registado diferentes actividades em diferentes ambientes. No entanto, este conjunto de dados é mais adequado ao reconhecimento de acções e não existe nenhum trabalho com o qual os resultados deste trabalho possam ser comparados.

4-1-3 CMU-MMAC

O conjunto de dados CMU Multimodal Activity (CMU-MMAC) [45] é outro conjunto de dados multimodais que contém vídeos de 43 pessoas a preparar refeições e a cozinhar. Existem 3 câmaras que captam imagens de alta resolução (1024 *x* 768) com uma taxa de fotogramas de 30 Hz a partir de 3 vistas diferentes (incluindo uma vista de cima), nas quais todo o corpo humano pode ser visto com algumas oclusões. Os dados de captura de movimentos calibrados são fornecidos em formato de ficheiro C3D [46], o que exige um conhecimento profundo da forma de manipular os dados de verdade terrestre.

A principal desvantagem deste conjunto de dados é a natureza das actividades registadas, uma vez que a tarefa deste trabalho exige preferencialmente movimentos mais variados do corpo humano.

4-1-4 Homens3,6M

O Human3.6M Dataset [47] é o maior conjunto de dados de captura de movimentos disponível publicamente até à data. Consiste em sequências de vídeo de alta resolução a 50 Hz de 4 câmaras calibradas que filmaram 10 pessoas a executar 15 acções diferentes. A verdade 3D das posições das articulações é fornecida no sistema de coordenadas da câmara. Além disso, são fornecidas as caixas delimitadoras dos corpos humanos. Os dados de verdade terrestre para 3 pessoas são retidos e utilizados para avaliar os resultados no servidor. Foi com base nestas características que este conjunto de dados foi selecionado para a presente tarefa. Na secção seguinte é apresentada uma descrição mais pormenorizada deste conjunto de dados.

4-1-5 HumanEva

O conjunto de dados HumanEva [48] contém dados de treino de 56 sequências de vídeo a cores com uma resolução de 640 *x* 480, que registam 4 indivíduos que executam 6 acções predefinidas em três repetições. Estão disponíveis *cerca de* 14 000 imagens de vídeo sincronizadas e posições articulares 3D para treino e validação, e *cerca de 30* 000 para teste. O código para a subtração de fundo é fornecido com o conjunto de dados. No entanto, a execução do código no Windows 10 com o Matlab versão R2012b foi complicada.

Para esta tarefa, o conjunto de dados HumanEva é demasiado pequeno para treinar a CNN, mas é interessante para testar, uma vez que há uma série de outros trabalhos que fornecem resultados sobre a estimativa da posição 3D com este conjunto de dados.

4-1-6 INRIA RGB-D

O conjunto de dados INRIA-RGB-D [49] contém 12 sequências de vídeo de uma pessoa a realizar actividades da vida diária numa cena oculta. Estão disponíveis posições 3D para 15 articulações. O conjunto de dados é bastante recente e atrativo para testar a capacidade dos algoritmos de seguimento para lidar com fortes oclusões. No entanto, é bastante pequeno, uma vez que apenas uma pessoa foi registada e não existem caixas delimitadoras do corpo humano.

4-1-7 MPI08

O conjunto de dados de deteção de movimentos em espaços interiores (MPI08) [50], [51] fornece à comunidade de investigação sequências de vídeo de múltiplas vistas obtidas a partir de 8 câmaras calibradas, juntamente com digitalizações a laser 3D e redes gravadas com esqueleto inserido. Os vídeos são de alta resolução e mostram 4 pessoas a realizar 4 acções diferentes. A estrutura de dados e o guião de demonstração Matlab fornecidos têm de ser compreendidos primeiro, e poderá ser necessário um esforço adicional para obter dados finais para a tarefa deste trabalho.

4-2 Conjunto de dados Human3.6M

Como mencionado na secção anterior, o conjunto de dados Human3.6M foi escolhido para esta tarefa devido à sua grande dimensão, alta resolução, múltiplas vistas de câmara, capacidade de capturar várias acções diferentes, segmentos do corpo humano e 32 posições articulares no sistema de coordenadas da câmara descarregável. Também é possível testar formalmente os resultados no servidor do conjunto de dados para permitir uma comparação justa com outros métodos. Os dados do Human3.6M são descritos em pormenor mais adiante.

4-2-1 Adeptos

Os procedimentos foram realizados por 11 actores profissionais, 6 homens e 5 mulheres, com um índice de massa corporal entre 17 e 29. Três sujeitos (S2, S3 e S4) foram seleccionados para os testes. Não são fornecidos dados verdadeiros para estes sujeitos e a avaliação só está disponível através do servidor do fornecedor do conjunto de dados. Os dados de vídeo do sujeito n.º 10 não são disponibilizados por razões de proteção de dados, pelo que não são utilizados neste trabalho. O servidor de avaliação permite a realização de testes com e sem S10. As imagens de todos os sujeitos são apresentadas na Figura 4-1.

Figura 4-1: Sujeitos no conjunto de dados Human3.6M

Acções 4-2-2

Cada ator representou 15 cenários diferentes da vida quotidiana ao longo de dois ensaios. Estes cenários incluíam diferentes movimentos que envolviam andar com muitos tipos de assimetria (por exemplo, andar com uma mão num saco, andar com um saco ao ombro, andar com um cão ou com outra pessoa), poses sentadas e deitadas, diferentes tipos de poses de espera, etc. Os actores foram informados antes do espetáculo sobre exemplos de poses em diferentes cenários, mas foi-lhes dada muita liberdade para se movimentarem naturalmente, em vez de interpretarem as tarefas de uma forma estrita e rígida. Os exemplos de poses em diferentes cenários são apresentados na Figura 4-2.

Figura 4-2: Quantidade de acções no conjunto de dados Hитап3.6M[52]

Os cenários podem ser agrupados de acordo com o tipo de movimentos que representam. Este agrupamento e a percentagem de todas as imagens de vídeo de treino e de teste são apresentados na Tabela 4-2-2.

É bem sabido que o grupo de actividades em que os sujeitos realizam diferentes acções enquanto estão sentados no chão (A9) representa o maior desafio. Este facto deve-se à elevada taxa de auto-exclusão e à modificação da relação lateral da caixa delimitadora. Sentar-se numa cadeira (A8) é também um desafio devido à utilização de uma cadeira. A complexidade dos cenários "Tirar uma fotografia" (A11) e "Passear um cão" (A14) conduz igualmente a variações na caixa delimitadora. Estes movimentos são também menos repetíveis e foi dada maior liberdade aos actores que os executam.

Agne Grinciunaite

Quadro 4-2: Repartição das instalações Human3.6M por cenário e tipo de ação

Tipo de ação	Cenário (abreviatura)	% do total de poses de formação	% do total de posições de controlo
Movimento da parte superior do corpo		**17%**	**19%**
	Itinerário (A1)	6%	9%
	Discussão (A2)	11%	10%
Variações verticais de todo o corpo		**26%**	**32%**
	Bem-vindo (A4)	5%	6%
	Poser (A6)	5%	6%
	Compras (A7)	4%	4%
	Tirar fotografias (A11)	5%	7%
	Esperar (A12)	7%	9%
Instruções de marcha		**18%**	**15%**
	Caminhadas (A13)	8%	7%

	Passear com um cão (A14)	5%	4%
	Caminhar juntos (A15)	5%	4%
Variações enquanto se está sentado numa		**32%**	**27%**
	Essen (A3)	7%	7%
	Falar ao telefone (A5)	8%	7%
	Sentado numa cadeira (A8)	8%	7%
	Fumar (A10)	9%	6%
Sentado no chão	Actividades sentadas (A9)	**8%**	**8%**

4-2-3 Dados de vídeo

Os dados de vídeo RGB foram captados por 4 câmaras digitais posicionadas nos cantos da área de cobertura efectiva de aproximadamente 4 m *x* 3 m. A velocidade de captura foi de 50 fotogramas por segundo. A taxa de quadros do vídeo é de 50 Hz e a resolução é de *1000x* 1000. Os vídeos estão disponíveis para descarregamento em formato MP4. As caixas delimitadoras correspondentes de um corpo humano podem ser obtidas a partir das máscaras binárias disponíveis para descarregamento em formato MAT.

4-2-4 Dados de instalação

Foram utilizadas dez câmaras de captura de movimento para registar 32 posições articulares. O sistema de captura de movimento Vicon 3D segue pequenos marcadores reflectores colocados no corpo do sujeito. Durante o seguimento, a identidade do marcador é retida e transmitida ao longo do tempo a partir de uma posição inicial marcada manual ou automaticamente. Um processo de ajuste utiliza a posição e a identidade de cada marcador corporal, juntamente com modelos proprietários de movimento humano, para derivar parâmetros de pose precisos.

O sistema Vicon exporta os ângulos das articulações. As posições das articulações num sistema de coordenadas 3D são determinadas a partir destes ângulos, aplicando a cinemática avançada ao esqueleto da pessoa. Para este trabalho, as posições 3D transformadas são utilizadas para a previsão monocular utilizando os parâmetros da câmara. Estas posições estão disponíveis para descarregamento em formato de ficheiro CDF. As posições são relativas a uma articulação especialmente designada, a raiz, que corresponde à posição do osso da anca. Esta articulação é utilizada como centro do sistema de coordenadas. As projecções do esqueleto no plano da imagem também estão disponíveis para descarregamento em formato CDF. Os metadados do esqueleto são fornecidos num ficheiro XML.

$$MPJPE = \frac{1}{N}\sum_{i=1}^{N} \|m_e(i) - m_{gt}(i)\|_2 \qquad (4\text{-}1)$$

4-2-5 Avaliação e medição de erros

A avaliação do conjunto de dados no servidor é feita através do descarregamento de um ficheiro de resultados especial que pode ser gerado utilizando o código fornecido com o conjunto de dados. Todas as estimativas de posição 3D para os três sujeitos (S2, S3 e S4) são escritas neste ficheiro. O erro médio por posição articular (MPJPE) é utilizado para avaliar o desempenho.

$_{eg}$Para as estimativas das articulações numa imagem m e as correspondentes posições verdadeiras m t, o MPJPE é calculado da seguinte forma: onde N é o número de articulações medidas no esqueleto. Para um conjunto de imagens, o erro é o MPJPE médio de todas as imagens.

Apesar das 32 posições articulares disponíveis, a avaliação para o esqueleto básico é efectuada com 17 articulações. Esta limitação do número de articulações contribui para o facto de os membros mais pequenos, ligados aos detalhes das mãos e dos pés, saírem da cadeia cinemática e só chegarem às articulações do pulso e do pé. Estas 17 articulações estão marcadas a vermelho na Figura 4-3.

Uma vez transmitidos os resultados, as medidas em milímetros são apresentadas separadamente para cada ação.

4-3 Pré-processamento de dados

O objetivo do pré-processamento de dados é obter dados limpos a partir dos quais seja fácil extrair dados de entrada para a CNN. Os seguintes passos de pré-processamento foram efectuados para o vídeo descarregado, as máscaras binárias para a segmentação do corpo humano e os dados de posição 3D/2D:

- As imagens de vídeo são cortadas utilizando máscaras de caixa delimitadora binárias e estendidas para o lado maior para fazer o quadrado de corte;
- Se a secção exceder os limites da imagem, é preenchida com os valores de píxeis de margem correspondentes;
- As imagens recortadas são reduzidas para uma resolução arbitrária de 128 *x* 128 ;
- As posições das articulações no plano da imagem 2D são adaptadas em conformidade.

Cada vídeo pré-processado foi depois guardado num ficheiro HDF5 e recebeu um nome único. O código e informações mais detalhadas sobre o pré-processamento e o armazenamento dos dados são fornecidos em simultâneo com este trabalho. Os resultados do recorte são apresentados na Figura 4-4.

O número total de fotogramas e a dimensão dos dados que contêm informações verdadeiras são apresentados na Figura 4-5.

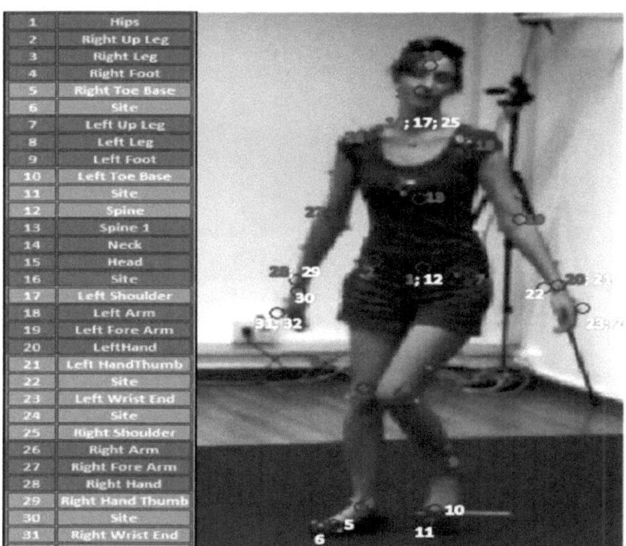

Figura 4-3: Localização das articulações do esqueleto

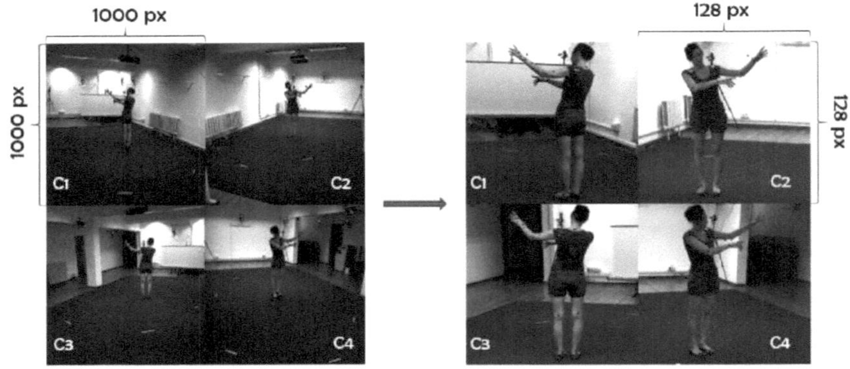

Figura 4-4: Pré-processamento de imagens de 4 vistas da câmara que filma a pessoa n.º 1 quando a ação "Descrição do caminho" é executada.

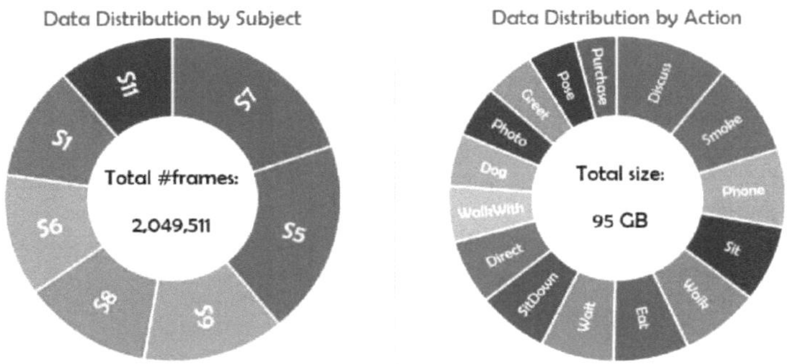

Figura 4-5: Repartição dos dados pré-tratados por tema e ação

Capítulo 5

Modelo de convolução tridimensional Rede neural

Este capítulo trata da implementação do modelo CNN 3D proposto, dos seus pormenores de treino e teste. Todo o código Python criado para a implementação é fornecido com este trabalho.

5-1 Amostragem de dados

Devido à grande quantidade de dados, à memória limitada e ao tempo disponível, é importante proceder à amostragem dos ficheiros de dados pré-processados (ver secção 4-3). Antes da amostragem, devem ser definidos alguns dos parâmetros a utilizar. Estes são os seguintes:

- Subconjuntos ou conjuntos de 7 sujeitos, 15 acções, 4 vistas de câmara e 2 ensaios;
- Número de canais de cor (escala de cinzentos ou RGB) ;
- Comprimento da sequência de imagens de vídeo numa amostra ;
- Taxa de atualização (quantos fotogramas devem ser saltados entre imagens sucessivas digitalizadas) ;
- Tamanho da imagem (> 128 *x* 128) ;
- imagens por vídeo podem ser seleccionadas;
- Número de pontos de articulação a ter em conta (< 32)
- selecionar as primeiras imagens de vídeo ou fazer uma seleção aleatória.

Com base nestes parâmetros de entrada, o resultado da amostragem é então armazenado no HDF5 Hie, que contém três conjuntos de dados - uma das amostras seleccionadas e os outros dois dados 2D e 3D do Ground Truth (se disponíveis).

Quadro 5-1: Parâmetros de amostragem utilizados nas várias experiências

Parâmetros	**Definição 1**	**Definição 2**	**Definição 3**	**Definição 4**
Conjunto de temas de formação	{S1, S6, S7, S8, S9}	{S1, S5, S6, S7, S8, S9, 811}	{S1 S5, S6, S7, S8}.	{S1, S5, S6, S7, S8, S9, S11}
Conjunto de temas de validação	{S5}	-	{S9}	-
	{S11}	-	{S11}	-
			Tod os os	
Conjunto de objectos de teste Série de medições Conjunto de vistas da câmara Série de testes Número de canais de cor Quadros Comprimento da sequência Número de gestores Tamanho da imagem		5	Tod os os Tod os os 3 (RGB)	

Imagens individuais por vídeo	175/85/86	124	350/200/210	300
Número de ligações	17/11	17/11	17/11	17
Primeiras imagens ou seleção aleatória		Ao acaso		

Para as experiências, foram escolhidas 4 definições de parâmetros diferentes, que são apresentadas no Quadro 5-1. Pode ver-se que alguns parâmetros foram constantes para todas as experiências - todas as amostras consistiram em 5 fotogramas a cores consecutivos (saltando 3 fotogramas intermédios para atingir uma taxa de atualização de 13) com uma resolução de 128 *x* 128. Foi feita uma seleção aleatória dos vídeos dos sujeitos para treino, validação e teste, para garantir que todas as poses possíveis fossem seleccionadas. Para as experiências da conceção 1, os sujeitos S5 e S11 foram seleccionados para teste e validação, a fim de ver os resultados para os sujeitos do sexo feminino e masculino. Mais tarde, o sujeito S5 foi alterado para S9 para que os resultados pudessem ser comparados com os de outros investigadores. Não foi necessário efetuar uma amostragem separada para o treino da parte superior do corpo (utilizando 11 posições articulares), uma vez que isso foi feito no momento do carregamento dos dados na rede, eliminando as posições Ground Truth não utilizadas.

Para os dados de teste oficiais (dos sujeitos S2, S3 e S4), a amostragem também é efectuada para obter dados com a mesma forma que os dados de entrada da rede. Neste caso, todas as imagens de vídeo são processadas sem seleção aleatória, omitindo quaisquer dados de referência não fornecidos.

5-2 Dados de entrada e saída da rede

'A rede CNN 3D, que pode ser treinada utilizando o algoritmo Mini-Batch Stochastic Gradient Descent (SGD), recebe como entrada durante uma iteração de treino (passagem para a frente e para trás) uma série de sequências de imagens representadas por um tensor 5D **X** ε №,, ,:.5 '', em que *b é* o tamanho do Mini-Batch, *f é o* número de imagens numa sequência, *c* é o número de canais de cor, *w* é a largura da imagem e *h é a* altura da imagem. A saída desta rede é representada por um tensor 4D **Y** ε ^{Rbxfxjxd}, em que *j é* o número de articulações e *d* é o número de coordenadas das articulações.

Para obter o conjunto completo de dados de entrada e de saída para um dado molde, os dados recolhidos após a amostragem (secção 5-1) são reprocessados e guardados nos ficheiros HDF5 finais (um para treino, um para validação e um para teste) utilizados para o treino. Estes ficheiros contêm um conjunto completo com um certo número de pilhas e posições reais das juntas.

Foram utilizados os seguintes valores de parâmetros para todas as experiências concluídas:

- Tamanho do mini-lote = 10 ;
- Comprimento da sequência de imagens para uma amostra = 5 ;
- Número de canais de cor = 3 ;
- Largura da imagem = altura da imagem = 128 ;
- Número de juntas = 17 (ou 11) ;
- Número de coordenadas articulares = 3 (correspondentes a *x*, y, *z*).

Para as definições 1 e 2, foi utilizado um total de 10 000 lotes para a formação, 1 000 para a validação e 1 000 para o teste. Para as definições 3 e 4, os números foram aumentados para 20.000, 2.000 e 2.000, respetivamente.

É de notar que, neste procedimento, as posições articulares verdadeiras foram centradas na posição do osso da anca (primeira articulação) e todas as coordenadas z foram aumentadas em 4000 para evitar valores negativos.

Ao efetuar experiências para as posições da parte superior do corpo, as articulações da parte inferior do corpo podem ser removidas dos dados de saída ao serem carregadas na rede, deixando 11 posições de articulações que podem ser treinadas.

5-3 Edifício CNN

Esta secção é dedicada à arquitetura CNN 3D proposta e aos seus componentes. Todos os componentes utilizados na poderosa arquitetura são discutidos em subsecções separadas, com uma base teórica para cada componente. O modelo final da arquitetura da rede foi criado começando com uma pequena rede de base com apenas três camadas de convolução ocultas e expandindo-a em testes com um pequeno subconjunto de dados. As decisões sobre as partes da construção e a escolha dos hiperparâmetros foram tomadas através da análise de resultados experimentais e utilizando decisões semelhantes descritas em trabalhos relacionados no Capítulo 3.

Nos últimos anos, foram publicados numerosos artigos e tutoriais com recomendações e técnicas de otimização para construir e treinar modelos de aprendizagem profunda. Devido a restrições de tempo e hardware, apenas as técnicas mais relevantes e amplamente reconhecidas foram implementadas neste trabalho. No entanto, este capítulo apresenta optimizações disponíveis que seriam úteis (e interessantes) para implementar e testar no futuro.

$$a(x) = \max(0, x) \tag{5-1}$$

$$a(x) = \begin{cases} x, & \text{if x} > 0 \\ px, & \text{if x} \leq 0 \end{cases} \tag{5-2}$$

5-3-1 Funções de ativação

Cada função de ativação (ou de não linearidade) *a*() recebe uma única entrada *x* e efectua uma determinada operação matemática especificada sobre ela. A função de ativação a utilizar nas CNN é selecionada com base nas suas propriedades. As funções de ativação mais frequentemente utilizadas nas redes neuronais profundas (DNN) são a sigmoide, a tangente hiperbólica e a unidade linear rectificada (ReLU). Nas DNNs relacionadas com este trabalho, é geralmente a ReLU que é utilizada. A ReLU é simplesmente um limiar zero:

O ReLU tornou-se muito popular devido às suas características:

- Verificou-se que acelera significativamente a convergência do SGD, é muito mais simples e requer menos poder computacional do que as funções tangenciais sigmoidais ou hiperbólicas. Este facto deve-se à sua forma linear e não saturada [38].
- Usando ReLUs, é mais provável que haja uma verdadeira ativação zero; isto leva a um grande número de neurónios não activados para cada caso individual. Esta propriedade é biologicamente mais plausível [53] e foi demonstrado que melhora a precisão das DNNs [54].

Apesar das vantagens listadas das ReLUs, este tipo de ativação pode facilmente enfraquecer e "morrer" durante o treino. Por exemplo, um grande gradiente que passe por uma ativação ReLU pode resultar na atualização dos pesos de modo a que o neurónio nunca mais seja ativado num ponto de dados. Neste caso, o gradiente que passa pela unidade será sempre zero a partir desse ponto. Desta forma, as unidades ReLU podem "morrer" irreversivelmente durante a aprendizagem, uma vez que podem ser atingidas pela diversidade dos dados. Se a taxa de aprendizagem for demasiado elevada, muitos neurónios podem nunca ter sido activados no conjunto de dados de treino. Se a taxa de aprendizagem for definida corretamente, este problema é menos frequente.

Para ultrapassar este tipo de problema, a Unidade Linear Retificada Paramétrica (PReLU) (ou Leaky ReLU) foi introduzida em [55]. Em vez de a função de ativação *ser* zero quando $x < 0$, uma PReLU tem um pequeno declive negativo p :

O coeficiente p pode ser definido manualmente para um valor pequeno ou aprendido de forma adaptativa. Alguns investigadores relataram sucesso com esta forma de função de ativação, mas os resultados nem sempre são consistentes [56].

Neste trabalho, todas as activações são PReLU com um p *de* 0,01.

Nos últimos três anos, foram introduzidos outros tipos de não-linearidades, como Maxout [57], Network in Network [58] e Adaptive Piecewise Linear Units [59]. Estas abordagens ainda não estão muito difundidas, pelo que poderá ser interessante experimentá-las.

Em suma, a literatura raramente mistura diferentes tipos de neurónios na mesma rede, mesmo que isso não constitua um problema fundamental.

5-3-2 Camada de normalização

Para reduzir a variabilidade que as DNNs têm de ter em conta durante o treino, os dados de entrada são normalmente pré-processados aplicando a Normalização Global do Contraste (GCN) ou a Normalização Local do Contraste (LCN). A utilidade global da GCN e da LCN depende do tipo e da dimensão do conjunto de dados utilizado, uma vez que foram publicados resultados controversos em várias publicações ([38], [60], [61]).

Dada a imagem de entrada **X**, o GCN produz uma imagem modificada **X**'definida da seguinte forma: **X** é a intensidade média de toda a imagem, A é um pequeno parâmetro de regularização positivo para enviesar a estimativa do desvio padrão e ϵ é geralmente zero ou um valor muito pequeno que pode ser usado para evitar a normalização por valores muito pequenos.

As experiências efectuadas como parte deste trabalho mostraram que a precisão da previsão aumentou ligeiramente quando o LCN foi aplicado antes da primeira camada de convolução. A aplicação da LCN após a primeira, a intermédia ou a última camada de convolução (em diferentes configurações) não resultou em qualquer melhoria significativa. Por conseguinte, apenas a LCN é aplicada na arquitetura final. É de notar que o valor acrescentado do DCB foi observado ao testar o pequeno subconjunto do conjunto de dados e pode não ser relevante quando utilizado com mais dados. No entanto, isto não foi testado. $^{-8}$Os parâmetros A e ϵ *foram* definidos como 10 e 10, respetivamente, e não foram alterados.

5-3-3 Camada de convolução

A camada de convolução é o elemento principal de uma CNN. É responsável pela aplicação dos cálculos matemáticos da convolução discreta (assinalada com um asterisco *) às imagens de entrada ou aos mapas de características (se não for a primeira camada de convolução) (**X**), utilizando núcleos (ou filtros) (**K**). A saída da camada de convolução é um número predefinido dos chamados mapas de elementos característicos. Apresenta-se a seguir uma representação matemática da convolução discreta aplicada a dados tridimensionais utilizando núcleos inversos tridimensionais:

$$\mathbf{X}' = \frac{\mathbf{X} - \bar{\mathbf{X}}}{\max\left(\varepsilon, \sqrt{\lambda + (\mathbf{X} - \bar{\mathbf{X}})^2}\right)}, \tag{5-3}$$

$$(\mathbf{K} * \mathbf{X})_{i,j,k} = \sum_{m} \sum_{n} \sum_{l} \mathbf{X}_{i-m,j-n,k-l} \mathbf{K}_{m,n,l} \tag{5-4}$$

O núcleo é invertido para obter a propriedade comutativa da operação de convolução, resultando numa menor variação nos valores válidos de *m*, *n* e *l*. Um caso simples de convolução 3D é ilustrado na Figura 5-1.

Figura 5-1: Um exemplo de convolução 3D aplicada a um tensor 3D de tamanho 3 *x* 4 *x* 4 utilizando um núcleo espelhado de tamanho 2 *x* 2 *x* 2 e produzindo um mapa de características de tamanho 2 *x* 3 *x* 3. Este é o caso do modo "válido", em que o núcleo é aplicado sempre que se sobrepõe completamente à entrada. Produz resultados com a forma: Forma de entrada - Forma do núcleo + 1.

Antes da aprendizagem, os filtros são inicializados de alguma forma e depois ajustados em cada fase de aprendizagem, propagando as derivadas em relação aos custos calculados com base nos valores previstos e nos valores reais no final da rede. Para obter um mapa de características, o mesmo filtro é aplicado à entrada. Esta função, conhecida como *partilha de parâmetros*, poupa memória e melhora a eficiência da rede.

Outra caraterística importante das redes convolucionais é a *conetividade esparsa*, devido à pequena dimensão dos núcleos. Ao contrário das camadas totalmente ligadas, em que cada neurónio de entrada interage com o neurónio de saída, as camadas convolucionais aplicam um filtro a pequenas áreas da entrada. Desta forma, pequenas características significativas, como arestas ou cantos, podem ser detectadas por filtros que utilizam muito menos memória. Intuitivamente, a rede aprende filtros que são activados quando um determinado tipo de caraterística é detectado numa posição espacial específica na entrada.

Existem três parâmetros Hyper que controlam o tamanho da saída da camada de convolução:

- Tamanho do núcleo: controla o número de neurónios na camada de convolução que estão ligados à mesma área do sensor de entrada.

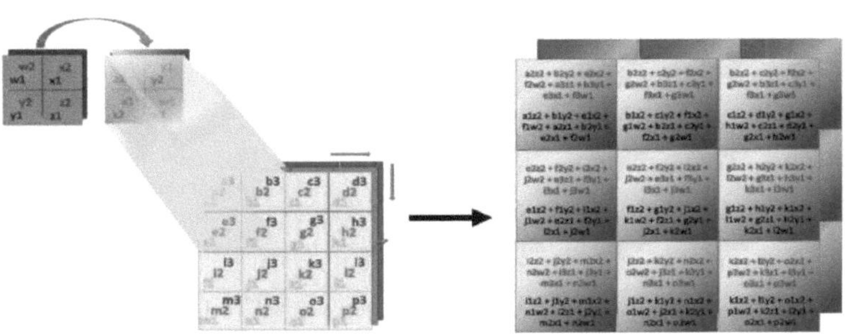

- Passo: indica o número de posições em que um filtro é deslocado na entrada. Se o intervalo for grande, os campos receptivos sobrepõem-se menos e a saída é mais pequena.

• Inserção de nulo: é o tamanho da inserção de nulo que é efectuada nas margens de entrada.

Nesta implementação, o stride é sempre igual a 1 e não é efectuado o zero-padding. As experiências foram efectuadas com diferentes tamanhos de núcleo e um número de camadas de convolução na rede. O melhor desempenho foi obtido com 5 camadas de convolução, com tamanhos de núcleo de 3 *x* 5 *x* 5, 2 *x* 5 x *5*, 1 x 5 x 5, 1 *x* 3 *x* 3 e 1 *x* 3 *x 3*. Pode verificar-se que as convoluções através das dimensões temporais só foram aplicadas nas duas primeiras camadas, uma vez que o número de imagens por amostra é relativamente pequeno. No futuro, ainda há muito espaço para experimentar diferentes composições com o tamanho do núcleo e o número de camadas.

5-3-4 Nível de agrupamento

Após a convolução, as activações lineares de saída são passadas através de uma função de ativação não linear, descrita na subsecção 5-3-1. A etapa seguinte é a operação de agrupamento (ou subamostragem), na qual a entrada num determinado local é substituída por uma estatística resumida dos valores de entrada próximos.

Tal como acontece com a camada de convolução, o agrupamento é conseguido arrastando um kernel para a saída da camada de convolução anterior e calculando um único valor (máximo, médio ou outro) da região que tem o mesmo tamanho que o kernel (ver Figura 5-2). O efeito desejado do agrupamento é transformar a representação do mapa de características, eliminando informações irrelevantes e mantendo as informações importantes.

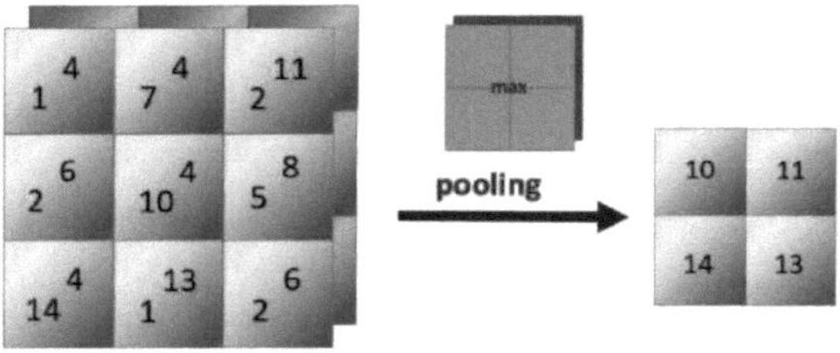

Figura 5-2: Um exemplo de pooling 3D-Max aplicado a um tensor 3D de tamanho 2 *x* 3 *x* 3 com um kernel de tamanho 2 *x 2 x 2* que produz um mapa de características reduzido de tamanho 1 *x 2 x* 3.

O mais comum é o max-pooling ou average pooling [62], que fornece o valor máximo ou médio da vizinhança retangular. Nesta rede, apenas foi utilizado o pooling máximo.

[2]No entanto, existem muitas outras possibilidades, como a norma *L* ou a média ponderada baseada na distância ao agrupamento central de pixels, o agrupamento estocástico mais complicado [63], o agrupamento em pirâmide espacial [64] ou, mais recentemente, o agrupamento máximo fraccionado [65]. Há também uma proposta para eliminar a camada de agrupamento em favor de uma arquitetura composta apenas por camadas de convolução repetidas. Para reduzir o tamanho da representação, propõe-se a utilização de um passo maior na camada de convolução, de tempos a tempos [66].

Na arquitetura concertada proposta neste trabalho, o max pooling é realizado após a primeira, segunda e quinta camadas de convolução apenas para o espaço de imagem com um kernel de tamanho 2 *x* 2.

5-3-5 Camadas totalmente ligadas e camadas de saída

Após várias camadas de convolução e agrupamento, o pensamento de alto nível na rede neural é finalmente alcançado através de camadas totalmente conectadas. Uma camada totalmente ligada pega simplesmente em todos os neurónios da camada anterior e liga-os a cada um dos neurónios que possui.

Na arquitetura proposta, a saída da última camada de pooling é suavizada para um vetor unidimensional de tamanho 9680 e depois totalmente ligada à camada de saída de tamanho 255 (ver subsecção 5-2). Esta foi uma tentativa de adicionar duas camadas totalmente ligadas, mas não resultou em quaisquer melhorias significativas.

5-3-6 Arquitetura 3D-CNN

A arquitetura completa da 3D-CNN é apresentada na Figura 5-3. "C" significa camada de convolução, "P" significa camada de pooling. Os tamanhos dos núcleos são apresentados entre parêntesis. A segunda linha mostra o tamanho da saída da camada correspondente.

Figura 5-3: Arquitetura proposta para a CNN 3D

5-4 Formação CNN

A secção anterior apresentou os blocos de construção da arquitetura 3D-CNN. Para que seja eficaz, precisa de ser treinada. Esta secção analisa os métodos utilizados para treinar a arquitetura proposta, incluindo outras decisões de treino, como a função de custo, a inicialização de parâmetros e a regularização. Tal como anteriormente, outras técnicas existentes não testadas e possíveis melhorias são brevemente esboçadas.

5-4-1 Inicialização dos parâmetros

Como já foi referido, a rede CNN tem de otimizar os seus pesos, que formam os núcleos nas camadas de convolução e influenciam as saídas nas camadas totalmente ligadas. Antes da primeira iteração de aprendizagem, estes pesos e distorções têm de ser inicializados. A escolha da estratégia de inicialização pode determinar a convergência do algoritmo de aprendizagem, ou seja, a velocidade e a precisão com que converge. Também tem um impacto na capacidade de generalização da rede.

O objetivo geral da inicialização dos pesos é defini-los de forma a que cada neurónio produza uma ativação diferente. Isto motiva a inicialização dos pesos de uma forma aleatória, que depende da função de ativação utilizada para a não linearidade. O método habitual consiste em inicializar os pesos aleatoriamente a partir de uma distribuição normal padrão com média zero. Para as activações ReLU, a inicialização "Xavier" modificada [67] em [55] provou ser uma boa decisão de inicialização. Foi utilizada neste trabalho e é simplesmente uma distribuição normal de média zero com um desvio padrão de ^2=, em que n é o número de ligações na resposta da camada anterior.

Se estiverem disponíveis mais recursos computacionais, o escalonamento inicial dos pesos de cada camada pode ser tratado como um hiperparâmetro e ajustado, por exemplo, utilizando a técnica de otimização recentemente proposta em [68].

Como é geralmente recomendado, todas as distorções foram fixadas em zero nas camadas de convolução. Na última camada totalmente convolucional, são fixadas em 4000, a fim de obter as estatísticas correctas para as coordenadas de saída (ver secção 5-2).

5-4-2 Função de custo

A função de custo (ou função de perda) a ser minimizada durante o treinamento é simplesmente o erro médio por posição da junta (MPJPE), como mostrado em 4-2-5. Esta diferença quadrática entre a posição real da articulação e a posição desejada é um bom indicador do desempenho e corresponde ao objetivo de regressão deste trabalho.

A escolha da função de custo pode ser mais complicada em tarefas de classificação quando são utilizadas activações sigmóides. Esta questão ultrapassa o âmbito do presente trabalho e não será abordada.

5-4-3 Algoritmo de aprendizagem e optimizações

O algoritmo de aprendizagem escolhido para treinar a rede proposta é o Vanilla Mini-Batch SGD, que utiliza a informação do gradiente de um pequeno número de amostras de treino aleatórias (chamadas mini-batches) para atualizar os parâmetros da rede. Desta forma, o gradiente é aproximado para todos os dados de treino num período de treino. Este é o algoritmo mais utilizado atualmente na investigação sobre aprendizagem profunda e foram introduzidas muitas melhorias para ultrapassar alguns dos desafios encontrados na sua utilização:

- Dificuldade em escolher uma taxa de aprendizagem adequada. Uma taxa de aprendizagem demasiado baixa conduz a uma convergência lenta, enquanto uma taxa de aprendizagem demasiado elevada pode impedir a convergência e fazer com que a função de perda flutue em torno do mínimo ou até mesmo divirja.
- Dificuldade em não ficar preso em mínimos locais ou pontos de sela, onde uma dimensão aumenta e outra diminui [69].

Neste trabalho, a taxa de aprendizagem foi selecionada por experimentação manual e fixada em 0,00001. A única otimização implementada foi um momentum de 0,9 [70], que melhorou consideravelmente os resultados. O momentum é um método que ajuda a acelerar o SGD para que este se mova na direção desejada, introduzindo o que se designa por velocidade. A velocidade é a direção e a velocidade a que os parâmetros se movem no espaço de parâmetros. É definida como uma média exponencial decrescente do gradiente negativo. Um parâmetro de impulso determina a velocidade a que as contribuições dos gradientes anteriores diminuem exponencialmente.

Existem muitos outros métodos de otimização para SGD, como o gradiente acelerado de Nesterov (NAG) ou algoritmos com taxas de aprendizagem adaptativas - Adagrad [71], Adadelta [72], RMSprop [73], Adam [74].

Regularização 5-4-4

Com um maior número de hiperparâmetros, existe um risco significativo de o modelo se ajustar demasiado aos dados de treino. Com dados de treino muito grandes e variados, este risco pode ser ultrapassado. No entanto, isso nem sempre é possível. É por isso que foram desenvolvidas várias técnicas de regularização para evitar o sobreajuste.

O método mais simples consiste em monitorizar a precisão da rede e interromper o treino quando esta deixa de ganhar peso. Este procedimento é designado por "paragem antecipada". Para monitorizar a precisão e evitar o sobreajuste do conjunto de teste, é geralmente utilizado um conjunto de validação.

Uma técnica promissora recentemente proposta é a normalização em lote [75]. Oferece uma capacidade de reparametrização de redes profundas que reduz consideravelmente o problema da coordenação de actualizações em muitas camadas. A normalização em lote pode ser aplicada a qualquer camada de entrada ou camada oculta de uma rede. $_2$Outras técnicas incluem as conhecidas regularizações L_1 e **L**, Dropout e DropConnect [76].

Devido à grande quantidade de amostras oferecidas pelo conjunto de dados Human3.6M, apenas a técnica de paragem precoce com uma paciência de 15 épocas foi utilizada neste trabalho. No entanto, no futuro, seria útil experimentar algumas das outras técnicas de regularização para melhorar os resultados, especialmente se o modelo for testado noutros conjuntos de dados.

Capítulo 6

Experiências e resultados

Este capítulo descreve as experiências realizadas para criar um modelo CNN de elevado desempenho, bem como os resultados obtidos com o conjunto de dados Human3.6M selecionado. Também discute as técnicas de otimização da saída da rede que foram utilizadas para melhorar os resultados.

Os resultados obtidos foram avaliados formalmente no sítio Web do conjunto de dados selecionado. Foi também efectuada uma comparação com outros resultados recentemente publicados. No entanto, estes foram obtidos testando o subconjunto de dados para o qual foi fornecida a verdade fundamental e não podem ser comparados objetivamente com o servidor de avaliação.

[23]70% das experiências foram efectuadas na Nvidia GeForce GT 755M e as restantes na Nvidia GeForce GTX 760M , ambas com 2 GB de memória. A implementação está escrita em Python e utiliza a biblioteca Theano [77].

A velocidade de treinamento e teste de um exemplo que consiste em 5 quadros de vídeo RGB com uma resolução de *128x* 128 é de ~0,025s e ~0,014s na GTX 760M e ~0,045s e ~0,025s na GT 755M.

6-1 Experiências na construção de CNNs

Para escolher a estrutura das camadas da rede, o tamanho dos núcleos de convolução e de pooling e o número de mapas de características, foram efectuadas experiências com diferentes parâmetros, começando com uma rede pequena e simples e uma pequena quantidade de dados.

Algumas das experiências efectuadas com a estrutura da rede são apresentadas na Tabela 6-1. Uma coluna representa uma arquitetura, em que C representa uma camada de convolução, seguida de um número

características iniciais e dimensão do núcleo, P - camada de agrupamento seguida da dimensão do núcleo e F - camada totalmente ligada. O cabeçalho da tabela indica em que medida o erro foi reduzido em comparação com o modelo original.

Na arquitetura final, a dimensão dos mapas de características foi reduzida para que o modelo pudesse ser treinado com mais dados. De um modo geral, as decisões de conceção foram tomadas de forma arbitrária, com base na experiência pessoal, em vez de seguirem uma estrutura específica.

Quadro 6-1: Fases experimentais da construção da CNN selecionada

Base	**-8%**	**-16%**	**-18%**	**-21%**	**-30%**	**Final**
C-10-(3,5,5)	C-10-(3,5,5)	C-10-(3,5,5)	C-10-(3,5,5)	C-10-(3,5,5)	C-10-(3,5,5)	C-5-(3,5,5)
P-(2,2,2)	P-(2,2,2)	P-(2,2,2)	P-(2,3,3)	P-(2,2,2)	P-(2,2,2)	P-(1,2,2)

[2] www.geforce.com/hardware/notebook-gpus/geforce-gt-755m

[3]w www.geforce.com/hardware/notebook-gpus/geforce-gtx-760m

C-20-(2,5,5)	C-20-(2,5,5)	C-20-(2,5,5)	C-20-(2,5,5)	C-20-(2,5,5)	C-20-(2,5,5)	C-10-(2,5,5)
P-(1,2,2)	P-(1,2,2)	P-(1,2,2)	-	P-(1,2,2)	P-(1,2,2)	P-(1,2,2)
C-40-(1,5,5)	C-40-(1,5,5)	C-40-(1,5,5)	C-40-(1,5,5)	C-40-(1,5,5)	C-40-(1,5,5)	C-20-(1,5,5)
-	-	-	C-60-(1,5,5)	C-60-(1,3,3)	C-60-(1,3,3)	C-40-(1,3,3)
-	-	-	C-60-(1,5,5)	C-60-(1,3,3)	C-60-(1,3,3)	C-40-(1,3,3)
-	-	-	C-60-(1,5,5)	-	-	-
P-(1,2,2)	P-(1,2,2)	P-(1,2,2)	P-(1,3,3)	P-(1,2,2)	P-(1,2,2)	P-(1,2,2)
		F	-			-
F	F	F	F	F	F	F

6-2 Voto de saída

Tal como descrito na secção 5-2, o resultado é um tensor 4D que contém as posições estimadas do corpo humano para 5 fotogramas. Desta forma, existem até 5 estimativas de pose diferentes para um quadro de vídeo quando o modelo é testado com todas as amostras possíveis de um vídeo. Para obter o resultado final, é possível aplicar algumas estatísticas simples a estas estimativas múltiplas, como o mínimo, o máximo, a média, a mediana ou simplesmente selecionar a estimativa para a imagem central. Após experiências com sujeitos, a média deu os melhores resultados. Para além disso, todas as posições do ílio médio foram definidas como zero.

Os resultados do treino de corpo inteiro mostraram que era difícil para a rede estimar as posições das mãos. Para ultrapassar este desafio, tentámos treinar a mesma rede apenas com as posições da parte superior do corpo e depois atualizar (substituir) os resultados da rede de "corpo inteiro". As actualizações foram efectuadas para todas as posições da parte superior do corpo e apenas para duas posições do pulso. Os resultados destas abordagens são apresentados na secção seguinte.

Neste trabalho, não foram utilizadas técnicas adicionais para otimizar o desempenho.

6-3 Resultados

Foram efectuados oito treinos de rede com diferentes parâmetros de dados (ver secção 5-1). Todos os resultados avaliados no servidor de conjunto de dados são apresentados na Tabela 6-3. O número "1" no nome da rede (primeira coluna) corresponde ao treino sem impulsos, "Mom" - com impulsos adicionais (ver secção 5-4-3). "UpperBody"/"Hands" indica se os resultados foram actualizados com estimativas da parte superior do corpo/mãos, como explicado na secção anterior. Os melhores resultados foram obtidos pela rede treinada em mais dados com impulso e posições actualizadas da parte superior do corpo.

Tabela 6-2: Resultados de todas as experiências avaliadas no servidor do conjunto de dados Human3.6M

Rede	Dados utilizados	Erro médio, mm
3DCNN-1	Definição 1	143
Porca 3DCNN	Definição 1	139
3DCNN-Mãe-Corpo Superior	Definição 1	137
3DCNN-Mulheres	Definição 1	138

Porca 3DCNN	Definição 2	130
Porca 3DCNN	Definição 3	132
3DCNN-Mãe-Corpo Superior	Definição 3	129
3DCNN-Mulheres	Definição 3	130

O quadro 6-3 compara os melhores resultados com o estado da arte apresentado no sítio Web do conjunto de dados. Estes últimos resultados foram obtidos por uma aproximação linear (caraterística aleatória) do método de estimativa de dependência de kernel utilizando uma pirâmide de transformadas de características invariantes de escala (SIFT) extraídas de imagens às quais foi aplicada uma máscara de subtração de fundo.

Verifica-se que a CNN tem um melhor desempenho para 9 acções e que o erro médio por posição articular (MPJPE) é, em média, 3% inferior. No entanto, o modelo tem um desempenho pior nas acções em que as pessoas estão sentadas numa cadeira ou no chão, o que indica que tem dificuldade em lidar com partes do corpo ocultas. Todos os valores são MPJPE em milímetros.

Alguns exemplos seleccionados de bons (esquerda) e maus (direita) resultados de estimativa de pose são apresentados na Figura 6-3.

No momento da redação deste artigo, foram publicados dois outros trabalhos que fornecem resultados sobre a estimativa da posição 3D utilizando o conjunto de dados Human3.6M.

Em [78], é apresentada uma abordagem discriminativa para estimar a posição 3D de pessoas utilizando características espácio-temporais (HOG-KDE). Esta abordagem consiste nos seguintes passos:

- Uma pessoa é reconhecida em 24 imagens sucessivas;
- As janelas de imagem correspondentes são movidas de modo a que o objeto permaneça centrado;
- A concatenação destas janelas alinhadas forma um volume de dados;

Tabela 6-3: Resultados comparados com o estado da arte

		3DCNN-Mãe-Corpo Superior	KDE [47]
Itinerário	15%	**100**	117
Discussão	9%	**98**	108
Refeições	-21%	110	**91**
Endereço de boas-vindas	13%	**112**	129
Por telefone	-15%	120	**104**
Ir para	12%	**114**	130
Compras	-3%	138	**134**
Sentar-se	-18%	159	**135**
Sentar-se	-19%	238	**200**
Fumar	-5%	123	**117**
Tirar fotografias	17%	**162**	195
Esperar	13%	**115**	132
Ir para	7%	**107**	115
Ir para Com cão	7%	**150**	162
Caminhar juntos	26%	**115**	156
BREAK	3%	**129**	133

- É extraída uma pirâmide de características HOG 3D imediatamente acima do volume;
- A pose 3D na imagem central é determinada utilizando o método Kernel Dependency Estimation (KDE).

O sistema de estimação de posição 3D (2DCNN-EM) apresentado em [21] é mais semelhante a este trabalho. Este sistema estima posições 3D através dos seguintes passos:

- Uma CNN é treinada para prever mapas de incerteza das posições 2D das articulações, como em [14] ;
- O algoritmo de maximização da expetativa é utilizado em toda a sequência para estimar os parâmetros da câmara 3D. É demonstrado que as incertezas comuns da posição 2D podem ser excluídas durante a inferência.

A principal desvantagem destas duas abordagens é o facto de utilizarem um grande número de imagens numa sequência, em comparação com o método CNN 3D proposto. Por outro lado, os resultados registados são melhores. É dececionante que o servidor de avaliação oficial para o conjunto de dados Human3.6M não tenha sido utilizado para avaliar objetivamente os resultados do trabalho mencionado. Os resultados comparáveis para dois sujeitos (S9 e S11) são apresentados no Quadro 6-3. O método proposto apresenta melhores resultados apenas para a ação "pose".

Tabela 6-4: Comparação dos resultados com trabalhos mais recentes sobre S9, dados de sujeitos Sil

	2DCNN-EM	**HOG-KDE**	**3DCNN**
Itinerário	**87**	102	104
Discussão	**109**	148	131
Refeições	**87**	88	125
Endereço de boas-vindas	**103**	127	126
Por telefone	**116**	118	140
Ir para	107	114	**105**
Compras	**100**	108	147
Sentar-se	**125**	136	174
Sentar-se	**199**	206	252
Fumar	**107**	118	133
Tirar fotografias	**143**	185	172
Esperar	**118**	147	123
Ir para	79	**66**	96
Passear com um cão	**114**	128	165
Caminhar juntos	98	**77**	117
BREAK	**113**	**124**	**140**

Figura 6-1: Visualização de alguns resultados bons (esquerda) e maus (direita) da estimativa da posição 3D

Capítulo 7

Conclusões

Neste trabalho, foi implementado um modelo CNN 3D discriminativo para a tarefa de estimar a pose humana no espaço de coordenadas da câmara utilizando dados de vídeo RGB. Esta é a primeira tentativa de utilizar convoluções 3D para a tarefa formulada.

Como parte deste trabalho, foi efectuada uma análise exaustiva dos conjuntos de dados disponíveis publicamente que poderiam ser utilizados para a tarefa definida. Verificou-se que havia uma falta de conjuntos de dados de referência disponíveis adequados para métodos de aprendizagem 3D em grande escala para a representação do corpo humano. Para além disso, existem grandes diferenças nos formatos dos dados do esqueleto de verdade terrestre e na forma como são fornecidos, o que dificulta a consolidação de dados de diferentes fontes. Além disso, os protocolos de avaliação não são uniformes. Com base na análise dos conjuntos de dados, foi selecionado para este trabalho o conjunto de dados mais adequado e de maior dimensão. Após a análise do conjunto de dados selecionado, foram concluídas as tarefas de pré-processamento de dados, amostragem e preparação da entrada da rede.

O modelo 3D da CNN foi criado com recursos limitados (em termos de capacidade de computação, tempo e diversidade de dados disponíveis) e com base na literatura relacionada e em investigação semelhante sobre CNN. Foi demonstrado que este modelo pode lidar com a estimativa da posição 3D de pessoas em vídeos e que tem um desempenho superior ao dos métodos existentes no conjunto de dados selecionado. A seleção manual dos hiperparâmetros e o conhecimento teórico revelaram-se muito úteis para o objetivo deste trabalho.

O modelo proposto foi testado formalmente no servidor de avaliação do fornecedor de dados e comparado com outros resultados comunicados. A comparação empírica com os resultados recentemente comunicados das outras duas abordagens mostrou que o modelo proposto só é melhor para uma ação e, por conseguinte, tem limitações. As limitações do modelo proposto incluem dificuldades em estimar posições de mão muito diferentes, bem como em lidar com auto-coberturas e poses complexas, particularmente quando uma pessoa está sentada ou deitada.

Em resumo, este trabalho fornece provas de que um modelo compacto de CNN 3D pode ser utilizado e desenvolvido com sucesso para aprender a representação 3D de poses humanas.

Há uma série de direcções possíveis para trabalhos futuros que alargam este trabalho:

- A utilização de novos métodos de treino da CNN, que não foram testados neste trabalho, poderá eventualmente conduzir a estimativas mais precisas;
- Explorar os pontos fracos do modelo de Dehned e as correspondentes possibilidades de melhoria;
- Testar as capacidades do modelo noutros conjuntos de dados disponíveis;
- Combinação do modelo proposto com uma rede neural recorrente para rastrear e prever a postura humana;
- Análise da facilidade de utilização do modelo em aplicações reais.

Bibliografia

[1] Mart Riess Jones. Tempo, a nossa dimensão perdida: para uma nova teoria da perceção, atenção e memória. *Psychologische Zeitschrift*, 83:323-355, 1976. 1

[2] Jennifer J. Freyd. Dynamic mental representations. *Psychological Review*, 94(4):427, 1987. 1

[3] Lars Michels, Markus Lappe, e Lucia Maria Vaina. Áreas visuais envolvidas na perceção do movimento humano através da análise dinâmica de formas. *Relatório neurológico*, 16(10):1037-1041, 2005. 1

[4] Marie-Helene Grosbras, Susan Beaton, e Simon B Eickhoff. Regiões do cérebro envolvidas na perceção do movimento humano: uma meta-análise quantitativa baseada em voxel. *Mapeamento do Cérebro Humano*, 33(2):431-454, 2012. 1

[5] Seth B Agyei, FR Ruud van der Weel, e Audrey LH Van der Meer. Desenvolvimento da. perceção do movimento visual para controle prospetivo: estudos cerebrais e comportamentais em bebês. *Fronteiras em psicologia*, 7, 2016. 1

[6] Chunyu Wang, Yizhou Wang, Zhouchen Lin, Alan Yuille e Wen Gao. Estimativa robusta de poses humanas 3D a partir de uma única imagem. Em *Proceedings of the IEEE conference on Computer vision and pattern recognition*, páginas 2361-2368, 2014. 1

[7] Sijin Li e Antoni B. Chan. Estimativa de pose humana 3D a partir de imagens monoculares com rede neural convolucional profunda. Em *Computer Vision - ACCV 201f - 12th Asian Conference on Computer Vision, Singapura, Singapura, 1-5 de novembro de 201f, Revised Selected Papers, Parte II*, páginas 332-347, 2014. 1, 3-3, 3-8

[8] Georgia Gkioxari, Bharath Hariharan, Ross B. Girshick, e Jitendra Malik. R-CNNs para estimativa de pose e deteção de ação. *CoRR*, abs/1406.5212, 2014. 1, 3-3

[9] Markus Oberweger, Paul Wohlhart e Vincent Lepetit. Mãos profundas em aprendizado profundo para estimativa de pbse de mão. *arXiv preprint arXiv: 1502.06807*, 2015. 1

[10] Jamie Shotton, Toby Sharp, Alex Kipman, Andrew Fitzgibbon, Mark Finocchio, Andrew Blake, Mat Cook e Richard Moore. Deteção em tempo real de poses humanas parciais a partir de imagens de profundidade individuais. *Communications of the ACM*, 56(1):116-124, 2013. 1

[11] Yonghui Du, Yan Huang e Jingliang Peng. Estimativa de pose humana de corpo inteiro a partir de sequência de vídeo monocular via regressão de reforço multidimensional. Em *Computer Vision-ACCV 2014 Workshops*, páginas 531-544, Springer, 2014. 1

[12] Jonathan Tompson, Ross Goroshin, Arjun Jain, Yann LeCun e Christoph Bregler. Localização eficiente de objetos com redes convolucionais. *CoRR*, abs/1411.4280, 2014. 1,3-2, 3-4

[13] Arjun Jain, Jonathan Tompson, Yann LeCun e Christoph Bregler. Modeep: Uma estrutura

de aprendizado profundo usando recursos de movimento para estimativa de pose humana. Em *Computer Vision-ACCV 2014*, páginas 302-315. Springer, 2014. 1

[14] Tomas Pfister, James Charles e Andrew Zisserman. Convnets de fluxo para estimativa de pose humana em vídeos. Nos *Anais da conferência internacional do IEEE sobre visão computacional*, páginas 1913-1921, 2015. 1, 3-6, 6-3

[15] Tomas Pfister, Karen Simonyan, James Charles e Andrew Zisserman. Redes neurais convolucionais profundas para estimativa eficiente de pose em vídeos de gestos. Na *Conferência Asiática sobre Visão por Computador (ACCV)*, 2014. 1, 3-2, 3-5

[16] Alexander Toshev e Christian Szegedy. DeepPose: Estimativa da pose humana através de redes neurais profundas. *CoRR*, abs/1312.4659, 2013. 1, 3-2, 3-3, 3-2, 3-2

[17] Sijin Li, Zhi-Qiang Liu e Antoni Chan. Aprendizagem multitarefa heterogénea para a estimativa da pose humana com uma rede neural convolucional profunda. Em *Actas da conferência do IEEE sobre workshops de visão computacional e reconhecimento de padrões*, páginas 482-489, 2014. 1

[18] Arjun Jain, Jonathan Tompson, Mykhaylo Andriluka, Graham W. Taylor, e Christoph Bregler. Aprendendo recursos de estimativa de pose humana com redes convolucionais. *CoRR*, abs/1312.7302, 2013. 1, 3-7, 3-2

[19] Xiaochuan Fan, Kang Zheng, Yuewei Lin e Song Wang. Combinando aparência local e visão holística: Redes neurais profundas de fonte dupla para estimativa de pose humana. *CoRR*, abs/1504.07159, 2015. 1, 3-3, 3-9

[20] Feng Zhou e Fernando De la Torre. Spatio-Temporal Matching para estimativa de pose humana em vídeos. 2016. 1

[21] Xiaowei Zhou, Menglong Zhu, Spyridon Leonardos, Kosla Derpanis e Kostas Dani- ilidis. A economia encontra a profundidade: estimativa da pose humana em 3D a partir de vídeo monocular. *arXiv preprint arXiv:1511.09439*, 2015. 1, 6-3

[22] Tsz-Ho Yu, Tae-Kyun Kim e Roberto Cipolla. Estimativa de pose humana 3D monocular sem restrições usando deteção de ação e teste de regressão de modalidade cruzada. Em *Proceedings of the IEEE conference on Computer vision and pattern recognition*, páginas 3642-3649, 2013. 1

[23] Varun Ramakrishna, Takeo Kanade e Yaser Sheikh. Reconstrução da postura humana em 3D a partir de pistas de imagens 2D. Em *Computer Vision-ECCV 2012*, páginas 573-586, Springer, 2012. 1

[24] James Bergstra e Yoshua Bengio. Pesquisa aleatória para otimização hiper-paramétrica. *The Journal of Machine Learning Research*, 13(1):281-305, 2012. 1-1

[25] James S. Bergstra, Remi Bardenet, Yoshua Bengio e Balazs Kegl. Algoritmos para otimização hiper-paramétrica. Em *Avanços em Sistemas de Processamento de Informação Neural*, páginas 2546-2554, 2011. 1-1

[26] Jasper Snoek, Hugo Larochelle, e Ryan P. Adams. Otimização Bayesiana prática de algoritmos de aprendizagem automática. Em *Advances in neural information processing systems*, páginas 2951-2959, 2012. 1-1

[27] Shuiwang Ji, Wei Xu, Ming Yang e Kai Yu. Redes neurais convolucionais 3D para reconhecimento de acções humanas. *IEEE Trans. Pattern Anal. Mach. Intell*, 35(1):221-231, janeiro de 2013. 1-1, 3-4, 3-10

[28] Keze Wang, Xiaolong Wang, Liang Lin, Meng Wang e Wangmeng Zuo. Reconhecimento da atividade humana em 3D com redes neurais convolucionais reconfiguráveis. *CoRR*, abs/1501.06262, 2015. 1-1, 3-11

[29] Gul Varol, Ivan Laptev e Cordelia Schmid. Convoluções temporais de longo prazo para reconhecimento de ações. 2015. 1-1

[30] Moez Baccouche, Franck Mamalet, Christian Wolf, Christophe Garcia e Atilla Baskurt. Aprendizagem sequencial profunda para o reconhecimento de acções humanas. Em *Human Behavior Understanding*, páginas 29-39. Springer, 2011. 1-1

[31] Divya R Pillai e P Nandakumar. Análise do comportamento de multidões com uma rede neural convolucional 3D. 2014. 1-1

[32] Pavlo Molchanov, Shalini Gupta, Kihwan Kim e Jan Kautz. Reconhecimento de gestos de mão com redes neurais convolucionais 3D. Nos *Anais da conferência do IEEE sobre workshops de visão computacional e reconhecimento de padrões*, páginas 1-7, 2015. 1-1

[33] CS231n convolutional neural networks for visual recognition. `http://cs231n.github.io/neural-networkss-I/`. (acedido em 27.05.2016). 2-1

[34] Paul J. Werbos. Backpropagation through time: what it does and how to do it. *Proceedings of the IEEE*, 78(10):1550-1560, 1990. 2-1

[35] Randall C. O'Reilly, Yuko Munakata, Michael J. Frank, Thomas E. Hazy, et al. *Computational cognitive neuroscience (Neurociência cognitiva computacional)*. Wiki Book, 1ª edição, URL: http://ccnbook.colorado.edu, 2012. 2-2

[36] Kunihiko Fukushima. Neocognitron: um modelo de rede neural auto-organizável para um mecanismo de reconhecimento de padrões que não é influenciado por mudanças de posição. *Biological Cybernetics*, 36(4):193-202, 1980. 2-2

[37] Yann Lecun, Leon Bottou, Yoshua Bengio e Patrick Haffner. Aprendizagem baseada em gradientes aplicada ao reconhecimento de documentos. Em *Proceedings of the IEEE*, páginas 2278-2324, 1998. 3-1, 3-1

[38] Alex Krizhevsky, Ilya Sutskever e Geoffrey E. Hinton. Classificação ImageNet com redes neurais convolucionais profundas. Em F. Pereira, C. J. C. Burges, L. Bottou e K. Q. Weinberger, editores, *Advances in Neural Information Processing Systems 25*, páginas 1097-1105. Curran Associates, Inc. 2012. 3-1, 3-2, 5-3-1, 5-3-2

[39] Olga Russakovsky, Jia Deng, Hao Su, Jonathan Krause, Sanjeev Satheesh, Sean Ma, Zhiheng Huang, Andrej Karpathy, Aditya Khosla, Michael Bernstein, Alexander C. Berg e Li Fei-Fei. O desafio do reconhecimento visual em grande escala do ImageNet. *International Journal of Computer Vision (IJCV)*, 115(3):211-252, 2015. 3-1, 4-1

[40] Jane Bromley, James W Bentz, Leon Bottou, Isabelle Guyon, Yann LeCun, Cliff Moore, Eduard Sackinger e Roopak Shah. Verificação de assinaturas com uma rede neural de atraso siamês. *International Journal of Pattern Recognition and Artificial Intelligence*, 7(04):669-688, 1993. 3-2

[41] Fei Han, Brian Reily, William Hoff e Hao Zhang. Representação espaço-temporal de humanos com base em dados esqueléticos 3D: uma revisão. *CoRR*, abs/1601.01006, 2016. 4-1

[42] René Vidal, Ruzena Bajcsy, Ferda Ofli, Rizwan Chaudhry e Gregorij Kurillo. Berkeley MHAD: uma base de dados multimodal abrangente de acções humanas. Em *Proceedings*

of the 2013 IEEE Workshop on Applications of Computer Vision (WACV), WACV '13, páginas 53-60, Washington, DC, EUA, 2013. Sociedade de Computadores IEEE. 4-1-1

[43] Jaeyong Sung, Colin Ponce, Bart Selman e Ashutosh Saxena. Reconhecimento da atividade humana a partir de imagens RGBD. No *workshop da AAAI sobre reconhecimento de padrões, actividades e intenções (PAIR*, 2011. 4-1-2).

[44] Hema Swetha Koppula, Rudhir Gupta e Ashutosh Saxena. Aprendizagem da atividade humana e das possibilidades de objectos a partir de vídeos RGB-D. *Int. J. Rob. Res.* 32(8):951-970, julho de 2013. 4-1-2

[45] Fernando de la Torre, Jessica K. Hodgins, Javier Montano e Sergio Valcarcel. Recolha de dados humanos detalhados sobre actividades de cozinha: a base de dados de actividades multimodais da CMU (CMU-MMAC). No *Workshop CHI 2009. Developing Shared Home Behavior Datasets to Advance HCI and Ubiquitous Computing Research*, 2009. 4-1-3

[46] C3D.ORG. https://www.c3d.org/. (Acedido em 13.05.2016). 4-1-3

[47] Catalin Ionescu, Dragos Papava, Vlad Olaru e Cristian Sminchisescu. Human3.6M: Conjuntos de dados em grande escala e métodos preditivos para a deteção humana em 3D em ambientes naturais. *IEEE Transactions on Pattern Analysis and Machine Intelligence*, 2014. 4-1-4, 6-3

[48] Leonid Sigal, Alexandru O. Balan, e Michael J. Black. HumanEva: um conjunto de dados sincronizados de captura de vídeo e movimento e um algoritmo central para avaliação do movimento articulatório humano. *Int. J. Comput. Vision*, 87(1-2):4-27, março de 2010. 4-1-5

[49] Abdallah Dib e François Charpillet. Estimativa de pose para um corpo humano parcialmente observável a partir de câmeras RGB-D. Na *Conferência Internacional IEEE/RJS sobre Robôs e Sistemas Inteligentes (IROS)*, página 8, Hamburgo, Alemanha, setembro de 2015. 4-1-6

[50] Gerard Pons-Moll, Andreas Baak, Thomas Helten, Meinard Muller, Hans-Peter Seidel e Bodo Rosenhahn. Fusão multi-sensor para deteção de movimento 3D de corpo inteiro em humanos. Na *Conferência do IEEE sobre Visão Computacional e Reconhecimento de Padrões (CVPR)*, junho de 2010. 4-1-7

[51] Andreas Baak, Thomas Helten, Meinard Muller, Gerard Pons-Moll, Bodo Rosenhahn e Hans-Peter Seidel. Análise e avaliação do rastreio de movimentos sem marcadores com sensores inerciais. Na *Conferência Europeia sobre Visão por Computador (ECCV Workshops)*, setembro de 2010. 4-1-7

[52] Conjunto de dados Human3.6M. http://vision.imar.ro/human3.6m/description.php. (Acedido em 15.05.2016). 4-2

[53] Rodney J. Douglas e Kevan A.C. Martin. Recurrent neural circuits in the neocortex. *Current Biology*, 17(13):R496 - R500, 2007. 5-3-1

[54] Xavier Glorot, Antoine Bordes e Yoshua Bengio. Redes neurais retificadoras económicas profundas. Em Geoffrey J. Gordon e David B. Dunson, editores, *Actas da Décima Quarta Conferência Internacional sobre Inteligência Artificial e Estatística (AISTATS-11)*, volume 15, páginas 315-323. Journal of Machine Learning Research - Workshop and Conference Proceedings, 2011. 5-3-1

[55] Kaiming He, Xiangyu Zhang, Shaoqing Ren e Jian Sun. Mergulhando fundo nos retificadores: superando o desempenho de nível humano na classificação ImageNet. *CoRR*, abs/1502.01852, 2015. 5-3-1, 5-4-1

[56] Kaiming He, Xiangyu Zhang, Shaoqing Ren e Jian Sun. Aprendizagem residual profunda para reconhecimento de imagens. *CoRR*, abs/1512.03385, 2015. 5-3-1

[57] Ian J. Goodfellow, David Warde-farley, Mehdi Mirza, Aaron Courville e Yoshua Bengio. Redes Maxout. Em: *ICML*, 2013. 5-3-1

[58] Min Lin, Qiang Chen e Shuicheng Yan. Rede dentro da rede. *CoRR*, abs/1312.4400, 2013. 5-3-1

[59] Forest Agostinelli, Matthew Hoffman, Peter J. Sadowski e Pierre Baldi. Aprendizagem de características de ativação para melhorar as redes neurais profundas. *CoRR*, abs/1412.6830, 2014. 5-3-1

[60] Kevin Jarrett, Koray Kavukcuoglu, Marc'Aurelio Ranzato e Yann LeCun. Qual é a melhor arquitetura multinível para o reconhecimento de objectos? Em *ICCV*, páginas 2146-2153. IEEE, 2009. 5-3-2

[61] Neslihan Bayramoglu, Juho Kannala e Janne Heikkila. Classificação de células epiteliais humanas do tipo 2 com redes neurais convolucionais. Na *15.ª Conferência Internacional do IEEE sobre Bioinformática e Bioengenharia, BIBE 2015, Belgrado, Sérvia, 2 a 5 de novembro de 2015*, páginas 1-6, 2015. 5-3-2

[62] Dominik Scherer, Andreas Muller e Sven Behnke. Avaliação de operações de pooling em arquitecturas convolucionais para reconhecimento de objectos. Em *Artificial Neural Networks - ICANN 2010*, páginas 92-101. Springer, 2010. 5-3-4

[63] Matthew D. Zeiler e Rob Fergus. Pooling estocástico para regularização de redes neurais convolucionais profundas. *arXiv preprint arXiv: 1301.3557*, 2013. 5-3-4

[64] Kristen Grauman e Trevor Darrell. O kernel de correspondência de pirâmide: classificação discriminante com clusters de características de imagem. Em *Visão computacional, 2005. ICCV 2005. Décima Conferência Internacional do IEEE*, Volume 2, páginas 1458-1465. IEEE, 2005. 5-3-4

[65] Benjamin Graham. Fractional Max-Pooling. *arXiv preprint arXiv:1412.6071*, 2014. 5-3-4

[66] Jost Tobias Springenberg, Alexey Dosovitskiy, Thomas Brox e Martin Riedmiller. Em busca da simplicidade: A rede totalmente convolucional. *arXiv preprint arXiv:1412.6806*, 2014. 5-3-4

[67] Xavier Glorot e Yoshua Bengio. Compreender as dificuldades de aprendizagem das redes neuronais profundas feedforward. Na *Conferência Internacional sobre Inteligência Artificial e Estatística*, páginas 249-256, 2010. 5-4-1

[68] Dmytro Mishkin e Jiri Matas. All you need is a good init. *arXiv preprint arXiv:1511.06fi22*, 2015. 5-4-1

[69] Yann N Dauphin, Razvan Pascanu, Caglar Gulcehre, Kyunghyun Cho, Surya Ganguli e Yoshua Bengio. Identificando e atacando o problema do ponto de sela na otimização não convexa de alta dimensão. Em *Avanços em sistemas de processamento de informações neurais*, páginas 2933-2941, 2014. 5-4-3

[70] Ning Qian. On the momentum term in gradient descent learning algorithms. *Neural Networks*, 12(1):145-151, 1999. 5-4-3

[71] John Duchi, Elad Hazan e Yoram Singer. Métodos de subgradientes adaptativos para

aprendizagem online e otimização estocástica. *The Journal of Machine Learning Research*, 12:2121-2159, 2011. 5-4-3

[72] Matthew D. Zeiler. ADADELTA: um método de taxa de aprendizagem adaptativa. *arXiv preprint arXiv:1212.5701*, 2012. 5-4-3

[73] Yann N Dauphin, Harm de Vries, Junyoung Chung e Yoshua Bengio. RMSProp e taxas de aprendizagem adaptativas equilibradas para otimização não convexa. *arXiv preprint arXiv:1502.0f390*, 2015. 5-4-3

[74] Diederik Kingma e Jimmy Ba. Adam: Um método para otimização estocástica. *arXiv preprint arXiv:1f12.6980*, 2014. 5-4-3

[75] Sergey Ioffe e Christian Szegedy. Normalização em lote: Acelerando o treinamento de rede profunda, reduzindo a mudança de covariável interna. *arXiv preprint arXiv: 1502.03167*, 2015. 5-4-4

[76] Li Wan, Matthew Zeiler, Sixin Zhang, Yann L Cun e Rob Fergus. Regularização de redes neurais com Dropconnect. Nos *Anais da 30ª Conferência Internacional sobre Aprendizagem de Máquinas (ICML-13)*, páginas 1058-1066, 2013. 5-4-4

[77] Equipa de desenvolvimento do Theano. Theano: A Python Framework for Fast Computation of Mathematical Expressions. *arXiv e-prints*, abs/1605.02688, maio de 2016. 6

[78] Bugra Tekin, Xiaolu Sun, Xinchao Wang, Vincent Lepetit e Pascal Fua. Predizendo as poses 3D das pessoas a partir de sequências curtas. *arXiv preprint arXiv:150f.08200*, 2015. 6-3

Glossário

Lista de acrónimos

2D	Bidimensional
ANN	Rede neural artificial
CNN	Rede neural convolucional
DNN	Rede neural profunda
fMRI	Ressonância magnética funcional
GCN	Normalização global do contraste
KDE	Estimativa da dependência do núcleo
LCN	Normalização do contraste local
LSBP	Propagação estrutural latente para trás
MLNN	Rede neural multicamada
MPJPE	Erro de posição médio por articulação
MSE	Erro quadrático médio
NAG	Gradiente de Nesterov acelerado
PReLU	Unidade linear paramétrica rectificada
RBF	Função de base radial
ReLU	Unidade linear rectificada
RGB	Vermelho-verde-azul (modelo de cor baseado em cores primárias aditivas)
SGD	Descida do gradiente estocástico
SIFT	Transformação de características invariantes de escala

MIX
Papier aus verantwortungsvollen Quellen
Paper from responsible sources
FSC® C105338

Printed by Books on Demand GmbH, Norderstedt / Germany